跨境电商
运营模式与关务服务

杜连莹　张明齐　著

中国海关出版社有限公司
·北京·

图书在版编目（CIP）数据

跨境电商运营模式与关务服务 / 杜连莹, 张明齐著. --
北京 : 中国海关出版社有限公司, 2025. --（国际贸易
与关务系列）. -- ISBN 978-7-5175-0890-8

Ⅰ. F724.6；F752.5

中国国家版本馆 CIP 数据核字第 2025NB8819 号

跨境电商运营模式与关务服务
KUAJING DIANSHANG YUNYING MOSHI YU GUANWU FUWU

作　　者：	杜连莹　张明齐
策划编辑：	杨　升
责任编辑：	吴　婷
责任印制：	孙　倩
出版发行：	中国海关出版社有限公司
社　　址：	北京市朝阳区东四环南路甲 1 号　　邮政编码：100023
编 辑 部：	01065194242-7532（电话）
发 行 部：	01065194221/4238/4246/5127（电话）
社办书店：	01065195616（电话）
	https://weidian.com/?userid=319526934（网址）
印　　刷：	北京新华印刷有限公司　　经　　销：新华书店
开　　本：	787mm×1092mm　1/16
印　　张：	13.5　　字　　数：234 千字
版　　次：	2025 年 5 月第 1 版
印　　次：	2025 年 5 月第 1 次印刷
书　　号：	ISBN 978-7-5175-0890-8
定　　价：	58.00 元

海关版图书，版权所有，侵权必究
海关版图书，印装错误可随时退换

参与人员

关税监管指导　高瑞峰

课程技术指导　荣　瑾

审 核 专 家　张　琳　赵　泉　魏小军　王　刚
　　　　　　殷宝明　曹　锦　陈　昊　朱　明
　　　　　　谈文洲　范一夫　吴　毅

统　　　筹　陆晓洁　陈亦龙

校　　　对　邓　宏　郑　超　陈奕喆　熊祥林
　　　　　　张　楠　李佳楠　舒　悦　陆俊颖
　　　　　　王　峰　冼妙颜　李　由　郝鸿铭

序

在数字技术重塑全球贸易格局的今天，跨境电商以其"买全球、卖全球"的独特优势，成为推动国际贸易增长的重要引擎。这一新兴业态不仅打破了传统贸易的时空限制，更催生了涉及智能物流、数字支付、海关清关、跨境合规的集技术、政策与创新于一体的全新产业生态。同时，产业的飞速发展带来了前所未有的挑战，关务人才的知识重构与能力升级迫在眉睫。

此教材立足《"十四五"数字经济发展规划》与《跨境电子商务运营职业能力培养与评价规范》（T/CIQA 90–2024），以前瞻性视角构建"三维一体"培养体系，旨在为数字贸易时代的关务人才量身定制成长路径。全书以理论与实践深度融合为核心，内容覆盖跨境电商全链条，从政策解读到技术应用，从选品策略到风险合规，系统解析跨境电商的运营模式、关键环节、商品全流程管理及政策法规，为教师提供了丰富的教学素材，为学生搭建了系统的知识框架。同时，教材辅以大量真实案例分析与实战指南，帮助读者从实践中提炼经验，将理论知识灵活转化为解决实际问题的能力。无论是传统外贸的转型痛点，还是新兴市场的合规风险，教材均通过翔实的数据、清晰的逻辑与生动的场景化分析，为读者提供切实可行的解决方案。

面对全球市场的激烈竞争与瞬息万变的国际贸易环境，唯有深植专业，方能把握时代机遇。此教材不仅是关务专业学生开启跨境电商大门的钥匙，更是跨境电商从业者优化运营、规避风险的实用手册。期待读者通过此教材，不仅掌握跨境之术，更领悟全球之道，在数字贸易的浪潮中勇立潮头，为行业的可持续发展贡献智慧与力量。

海口海关关长、党委书记，海关总署关税一级专家　高瑞峰

前　言

　　本教材充分考虑了关务专业学生的学习需求与未来职业发展方向。通过理论与实践相结合的方式，不仅详细阐述了跨境电商的基本概念和发展历程，还深入剖析了运营过程中的关键环节，同时针对关务服务这一核心主题进行了重点讲解，使学生能够深入理解并熟练掌握跨境电商关务工作的实质与操作要点。

　　本教材的特色在于对实际案例的广泛运用和深入分析。通过一个个真实案例，学生可以更加直观地感受到跨境电商在实际运营中所面临的挑战与机遇，学会如何将理论知识灵活运用到实际问题的解决中。这种案例驱动的教学方式，不仅能够激发学生的学习兴趣，更能够有效提升他们的实践能力和解决问题的能力，使其在未来的职场竞争中脱颖而出。

　　对于教师来说，本教材是一份宝贵的教学资源。它提供了丰富的教学素材和清晰的教学框架，便于教师根据教学计划和学生的实际情况进行灵活的教学设计及实施教学。同时，教材中设置了丰富的测试题，为课堂互动和课后作业提供了多样化的选择，有助于激发学生的主动性和创造性，提升教学效果。

　　本教材知识全面、结构严谨、实用性强，是帮助大专院校关务专业学生迈向专业领域的关键教材。相信在它的助力下，同学们能够更好地把握跨境电商的发展机遇，扎实掌握专业技能，为未来的职业生涯奠定坚实的基础，在跨境电商与关务服务的领域中绽放光彩。

目 录
CONTENTS

第一章　跨境电商　　001

第一节　跨境电商概述　　003

第二节　跨境电商的发展历程　　007

第三节　跨境电商发展现状分析　　011

第四节　测试题　　018

第二章　跨境电商运营全攻略　　025

第一节　跨境电商运营的关键环节　　027

第二节　广告策略剖析　　032

第三节　跨境电商平台全景分析　　033

第四节　跨境电商商家结算详解　　040

第五节　跨境电商店铺数据分析　　047

第六节　跨境电商运营实战指南　　052

第七节　测试题　　053

第三章 跨境电商不同类型商品的销售   059

第一节　3C 电子产品类　　061

第二节　服装类　　065

第三节　美妆个护类　　069

第四节　家居用品类　　073

第五节　母婴用品类　　078

第六节　测试题　　082

第四章 跨境电商物流与供应链管理   089

第一节　国际物流渠道　　091

第二节　仓储管理　　095

第三节　清关与报关　　099

第四节　测试题　　106

第五章 跨境电商监管模式   113

第一节　《中华人民共和国电子商务法》核心内容解读　　115

第二节　《中华人民共和国关税法》相关内容解读　　118

第三节　关税政策与税务管理　　120

第四节　消费者权益保障　　125

第五节　跨境电商海关监管模式　　127

第六节	跨境电商海关申报格式	**135**
第七节	测试题	**141**

第六章　中国海关特殊监管区域概述　**145**

第一节	保税区、保税物流园区和综合保税区	**147**
第二节	三者的比较与应用场景	**150**
第三节	发展趋势分析与未来展望	**152**
第四节	测试题	**154**

第七章　跨境电商风险合规管理　**161**

第一节	跨境电商主要出口目的国家（地区）的风险分析	**163**
第二节	跨境电商虚假贸易认定方法	**168**
第三节	跨境电商发展特点	**172**
第四节	跨境电商典型案例	**174**
第五节	跨境电商走私风险解析	**180**
第六节	测试题	**187**

附录一：跨境电商综合简答题	**191**
附录二：各章节测试题答案	**196**

第一章
跨境电商

在数字技术浪潮下,跨境电商已成为国际贸易的新引擎。本章将深入剖析跨境电商的定义、发展历程等,揭示其在全球化背景下如何打破地域限制、拓展市场边界。同时,将探讨跨境电商所面临的机遇与挑战,为读者勾勒出这一领域的基本轮廓和未来走向。

第一节
跨境电商概述

一、跨境电商的定义、主要参与者

(一) 定义

跨境电商（Cross border E-commerce）是指通过互联网平台，不同国家（地区）的买卖双方进行商品或服务交易的商业模式。简单来说，跨境电商利用电子商务技术，打破地理界限，实现全球范围内的商品买卖。它不仅涉及商品的在线交易，还涉及支付、物流、清关、售后服务等环节。

跨境电商的核心在于"跨境"，即交易双方位于不同的国家（地区）。这种模式使得消费者可以足不出户购买到全球各地的商品，而商家则可以通过互联网将产品销售到世界各地。

(二) 主要参与者

1. 卖家

可以是企业或个人，通过电商平台或自建站向境外消费者销售商品。

2. 买家

全球范围内的消费者或企业，通过跨境电商平台购买商品。

3. 平台

平台如亚马逊（Amazon）、易贝（eBay）、速卖通等，提供交易撮合、支付、物流等服务。

4. 服务商

服务商包括物流公司、支付机构、清关代理等，为跨境电商提供配套服务。

二、跨境电商与传统外贸的区别

跨境电商与传统外贸虽然都涉及跨境交易，但在交易方式、流程、成本、效率等方面存在显著差异。两者的主要区别见表1-1。

表1-1 跨境电商与传统外贸的主要区别

对比维度	跨境电商	传统外贸
交易方式	通过互联网平台进行在线交易，买卖双方可以在线上直接沟通	通常通过线下渠道（如展会、代理商）进行交易，流程复杂且依赖中间商
交易规模	以小额、高频交易为主，适合零售和小批量订单	以大额、低频交易为主，通常为大宗商品或批量订单
交易模式	企业对企业（B2B）、企业对消费者（B2C）、消费者对消费者（C2C）等多种模式	主要是企业对企业（B2B），消费者参与较少
物流方式	采用国际快递、邮政小包、专线物流、海外仓等灵活多样的物流方式	主要依赖海运、空运等大宗物流方式，物流周期较长
支付方式	通过电子支付工具［如贝宝（PayPal）、信用卡、支付宝国际版等］完成交易	通常通过银行信用证、电汇（T/T）等传统支付方式完成交易，流程复杂且周期长
清关流程	通常有专门的清关通道，流程相对简化	清关流程复杂，涉及大量文件与审批
成本与效率	交易成本较低，效率较高，适合中小企业和个人卖家	交易成本较高，效率较低，适合大型企业
客户体验	消费者可以直接与卖家沟通，享受更便捷的购物体验	消费者体验较差，通常需要通过中间商购买商品

三、跨境电商的优势与面临的挑战

（一）跨境电商的优势

1. 市场全球化

跨境电商打破了地理限制，使商家能够将产品销售到全球市场，极大地扩展了潜在客户群体。

通过互联网，商家可以轻松进入新兴市场，如东南亚、中东、南美等地区。

2. 低成本、高效率

跨境电商减少了中间环节，降低了交易成本。商家可以直接与消费者对接，避免了传统外贸中的代理商、批发商等中间环节。

电子支付和在线物流系统的普及，使得交易流程更加便捷。

3. 数据驱动运营

跨境电商平台提供了丰富的数据分析工具，商家可以通过数据分析了解消费者需求、优化选品、制定营销策略。

通过大数据和人工智能技术，商家可以实现精准营销和个性化推荐。

4. 灵活的经营模式

跨境电商支持多种经营模式，如 B2B、B2C、C2C、O2O（线上到线下）等，商家可以根据自身资源选择适合的模式。

商家可以选择在第三方平台开店，也可以自建独立站，灵活性较高。

（二）跨境电商面临的挑战

1. 物流与配送难题

国际物流成本高、周期长，尤其对于偏远地区而言，配送时效难以保证。

清关流程中可能面临关税、增值税等问题，增加了配送成本。

2. 文化差异与本地化

不同国家（地区）的消费者在语言、文化、消费习惯等方面存在差异，商家需要针对不同市场进行本地化运营。

本地化包括语言翻译、产品适配、营销策略调整等，增加了运营难度。

3. 政策与法规风险

不同国家（地区）的关税政策、知识产权法规、消费者保护法等存在差异，商家需要遵守各国家（地区）的法律法规，否则可能面临法律风险。

政策变动（如关税调整、贸易壁垒）可能对跨境电商业务产生重大影响。

4. 支付与汇率风险

跨境支付涉及多种货币，汇率波动可能影响商家的利润。

不同国家（地区）的支付习惯不同，商家需要支持多种支付方式以满足消费者需求。

四、小结

跨境电商作为一种新兴的商业模式，凭借其全球化、低成本、高效率的特点，正在迅速改变全球贸易格局。然而，跨境电商也面临着物流、文化差异、政策风险等多方面的挑战。对于商家而言，成功的关键在于充分了解目标市场，优化运营流程，并灵活应对各种风险与挑战。

第二节
跨境电商的发展历程

跨境电商的发展历程可大致分为 3 个阶段：起源与早期发展、互联网时代的跨境电商崛起以及全球化趋势与未来展望。每个阶段都伴随着技术进步、政策支持以及市场需求的变化，推动跨境电商从萌芽到全球化的快速发展。

一、跨境电商的起源与早期发展

（一）跨境电商的萌芽

在互联网尚未普及的时代，跨境电商的雏形主要依赖于传统的国际贸易方式，如邮购和电话订购。消费者通过邮寄目录或电话下单，商家通过国际邮政系统将商品寄送到消费者手中。

这种模式效率低下、交易周期长，且仅限于少数高价值商品（如奢侈品、书籍等）。

（二）电子数据交换（EDI）系列标准的建立

随着电子数据交换（EDI）技术的出现，企业之间的跨国交易开始实现电子化。20 世纪 80 年代，EDI 系列标准的建立使得企业可以通过标准化格式交换订单、发票等商业文件，提高了交易效率。

这一阶段的跨境电商主要集中在 B2B 领域，企业之间的交易流程得到了优化，但消费者端的跨境电商尚未形成规模。

（三）早期跨境电商平台的兴起

随着互联网的初步普及，一些早期的跨境电商平台开始出现。例如，eBay 于 1995 年成立，最初是一个 C2C 拍卖平台，后来逐渐发展成为全球知名的跨境电商平台。

亚马逊也在 1995 年成立，最初以在线书店起家，随后扩展到其他品类，并逐步向国际市场扩张。

二、互联网时代的跨境电商崛起

（一）互联网的普及与电子商务的爆发

进入 21 世纪，互联网的普及和电子商务技术的成熟为跨境电商的快速发展奠定了基础。消费者可以通过互联网轻松访问全球商品，商家也可以通过电商平台将产品销售到世界各地。

2003 年，淘宝网成立，第三方支付工具"支付宝"随后推出，解决了在线支付的信任问题，推动了中国电商市场的快速发展。

2007 年，亚马逊推出亚马逊物流服务（Fulfillment by Amazon，FBA），为卖家提供仓储、配送和售后服务，极大地降低了跨境电商的门槛。

（二）移动互联网与社交电商的兴起

随着智能手机的普及，移动互联网成为跨境电商的重要推动力。消费者可以随时随地通过手机购物，跨境电商的便捷性进一步提升。

社交电商的兴起也为跨境电商带来了新的机遇。例如，脸书（Facebook）、照片墙（Instagram）等社交平台成为商家推广产品的重要渠道，而微信等即时通信工具则帮助商家与消费者建立起了直接联系。

2010 年，速卖通（AliExpress）上线，主打低价商品和全球配送，迅速成为全球消费者喜爱的跨境电商平台。

（三）政策支持与跨境电商试点的推进

各国（地区）政府逐渐认识到跨境电商的重要性，并出台了一系列支持政策。例如，中国自 2015 年起在多个城市设立跨境电子商务综合试验区，为跨境电商企业提供税收优惠、简化清关流程等支持。

2019 年，中国推出《中华人民共和国电子商务法》，进一步规范了跨境电商的运营环境，促进了行业的健康发展。

三、跨境电商的发展趋势与未来展望

（一）发展趋势

1. 市场全球化

跨境电商市场全球化趋势明显，其业务正从传统的欧美市场向东南亚、中东、非洲等新兴市场拓展。这些地区互联网普及率快速提升，消费者对跨境商品的需求日益增长。为了适应不同市场，跨境电商企业注重本地化运营，通过语言翻译、产品适配、营销策略调整等举措精准把握各地消费者的独特偏好。同时，跨境电商推动了全球供应链的深度整合，商家借助海外仓、保税仓等创新模式提升物流效率，大幅缩短配送时间，让消费者更便捷地享受世界各地的优质商品，在广阔市场中实现商业价值最大化。

2. 技术创新驱动

在跨境电商蓬勃发展的当下，大数据与人工智能技术正深度融入其中。大数据分析助力商家精准洞察消费者需求、优化选品与营销策略。人工智能则广泛应用于智能客服、个性化推荐等领域，提升服务质量和用户体验。同时，区块链技术在跨境电商中展现出广阔的应用前景，其在提高支付安全性、优化供应链透明度等方面发挥着重要作用，为交易安全和商品溯源提供保障。此外，虚拟现实（VR）与增强现实（AR）技术也为跨境电商带来新变革，通过提供沉浸式购物体验，如虚拟试衣、3D 产品展示等，让消费者更直观地感受商品，增强购买意愿，推动跨境电商行业向更加智能化、安全化、体验化的方向发展。

3. 可持续发展

在跨境电商蓬勃发展的当下，绿色物流理念正深入人心。随着环保意识的增强，众多跨境电商企业积极采用环保包装材料，优化运输路线以减少碳排放。此外，跨境电商企业也清楚意识到自身需要承担更多的社会责任，例如，保障供应链中的劳工权益、减少资源浪费等。通过践行绿色物流与社会责任，这些企业不仅能够满足消费者对于环保和道德的期望，还能提升自身的品牌形象和市场竞争力，从而在激烈的市场中脱颖而出，实现可持续发展。

（二）未来展望

在跨境电商蓬勃发展的当下，全球市场对其的期待值持续攀升。按当今发展趋势预测，全球跨境电商市场规模在未来几年将保持高速增长，尤其在新兴市场，其发展态势更为迅猛。各国（地区）政府纷纷出台支持跨境电商发展的政策，通过简化清关流程、降低关税等举措，为跨境电商企业创造更加便利的经营环境。与此同时，技术的不断进步也为跨境电商带来了更多创新机遇，无人配送、智能仓储等新技术的应用，不仅提高了物流效率，还降低了运营成本，进一步推动了跨境电商行业的发展。

四、小结

跨境电商的发展历程见证了贸易从传统到数字化的转变。从早期的邮购模式到如今的全球化电商平台，跨境电商在技术进步、政策支持和市场需求的推动下，不断演变和升级。未来，随着全球化趋势的深入和技术创新的加速，跨境电商将继续引领全球贸易的潮流。

第三节
跨境电商发展现状分析

一、中国货物进出口总值 2024 年相关数据分析

据海关总署与国家统计局统计，2024 年，中国货物进出口总值达 438468 亿元，比 2023 年增长[①]5.0%，规模再创历史新高。其中，出口 254545 亿元，增长 7.1%；进口 183923 亿元，增长 2.3%。出口增速显著高于进口，反映出中国在全球供应链中的竞争力依然强劲。同时，进口的增长也体现了国内市场需求的稳定和对全球资源的持续需求。对共建"一带一路"国家（地区）的进出口额同比增长 6.4%，对《区域全面经济伙伴关系协定》（RCEP）其他成员国的进出口额增长 4.5%，显示出中国在区域经济合作中的重要地位。民营企业的进出口额占进出口总额的比重为 55.5%，增长 8.8%，成为推动外贸增长的主要力量。机电产品和高新技术产品的出口表现尤为突出，分别增长 8.7% 和 6.0%，表明中国出口结构正在向高附加值方向优化，反映了中国制造业的升级和全球竞争力的提升。相关数据如表 1-2 所示。

表 1-2　2024 年中国货物进出口总值相关数据

指标	金额（亿元）	增长率（%）
货物进出口总额	438468	5.0
货物出口额	254545	7.1

---

① 本书中的"增长""下降"，均指与 2023 年相比，以下不再一一指出。

表 1–2 续

指标	金额（亿元）	增长率（%）
机电产品出口额	151246	8.7
高新技术产品出口额	62792	6.0
货物进口额	183923	2.3
货物进出口顺差	70623	22.2
对共建"一带一路"国家（地区）进出口额	220685	6.4
其中：出口额	122095	9.6
其中：进口额	98589	2.7
对 RCEP 其他成员国进出口额	131645	4.5
民营企业进出口额	243329	8.8

数据来源：https://www.stats.gov.cn/sj/zxfb/202502/t20250228_1958817.html

总体来看，2024 年中国的对外贸易在复杂多变的国际环境下保持了稳定增长，在规模和质量上都取得了积极进展，展现了强大的韧性，为国民经济的稳定增长提供了有力支撑，为全球经济复苏和供应链稳定作出了积极贡献。

二、中国 2024 年进出口主要国家（地区）分析

2024 年，中国进出口贸易呈现多元化与差异化的态势，相关数据如表 1-3 所示。东盟、欧盟、美国是中国出口额最多的国家（地区），其中对东盟的出口增长最为强劲，达到了 13.4%，这不仅凸显了中国与东盟之间紧密的经济联系，也反映出双方在贸易政策、产业链协同等方面的积极进展。对欧盟和美国的出口额分别增长 4.3% 和 6.1%，虽然增速相对东盟较为平缓，但出口额依然保持着稳定的增长态势，得益于长期以来建立的深厚贸易基础和不断适应市场变化的调整能力。值得注意的是，对共建"一带一路"国家（地区）的进出口总额占比首次突破 50%，这标志着中国在推动贸易多元化和加强与新兴市场合作方面取得了显著成效，不仅拓展了贸易空间，也增强了中国在全球贸易格局中的影响力。

表 1-3　2024 年中国对主要国家和地区货物进出口额、增长速度及所占比重

国家和地区	出口额（亿元）	比上年增长（%）	占全部出口比重（%）	进口额（亿元）	比上年增长（%）	占全部进口比重（%）
东盟	41736	13.4	16.4	28163	3.2	15.3
欧盟	36751	4.3	14.4	19164	−3.3	10.4
美国	37337	6.1	14.7	11641	1.2	6.3
韩国	10415	−0.5	4.1	12931	13.6	7.0
中国香港	20719	7.3	8.1	1321	37.8	0.7
日本	10816	−2.3	4.2	11119	−1.7	6.0
中国台湾	5350	11.0	2.1	15498	10.5	8.4
俄罗斯	8212	5.0	3.2	9198	1.0	5.0
巴西	5128	23.3	2.0	8258	−4.4	4.5
印度	8574	3.6	3.4	1280	−1.7	0.7
南非	1552	−6.5	0.6	2180	−3.0	1.2

数据来源：https://www.stats.gov.cn/sj/zxfb/202502/t20250228_1958817.html

在进口方面，不同国家（地区）的表现各有特点。对韩国的进口额实现了 13.6% 的显著增长，这可能与其在半导体、电子零部件等高科技产品领域的竞争优势有关，中国对这些产品的需求持续旺盛，推动了对韩国进口额的快速增长。在出口方面，对巴西的出口额增长率高达 23.3%，反映出中国与巴西在资源型产品和农产品等领域的合作不断深化，巴西丰富的自然资源与中国庞大的市场需求形成了良好的互补。此外，对印度的出口额增长率为 3.6%，虽然不高，但在其进口额下降 1.7% 的同时，显示出印度在某些特定领域的出口竞争力和与中国贸易关系的稳定性。

三、中国 2024 年进出口主要商品分析

2024 年中国进出口商品结构呈现多元化趋势，各主要商品贸易情况折射出不同产业的动态变化与市场格局。

（一）出口

在出口方面，中国主要商品出口呈现出多样化和分化的趋势。高附加值和技

术密集型商品表现突出，例如汽车（包括底盘）出口数量增长 22.8%，金额增长 16.5%，反映出中国汽车产业在全球市场的竞争力持续提升，新能源汽车的快速发展为汽车出口增长提供了强劲动力。集成电路商品出口数量增长 11.6%，金额增长 18.7%，显示出中国在半导体领域的技术进步和全球市场对中国集成电路商品需求的扩大。自动数据处理设备及其零部件的出口金额增长 11.2%，进一步体现了全球数字化转型对相关产品需求的增长。

传统劳动密集型商品的出口表现较为疲软。鞋靴出口数量增长 3.3%，但金额下降 3.8%，反映出国际市场竞争加剧的压力。玩具出口金额下降 0.7%，箱包及类似容器出口金额下降 2.0%，表明这些传统商品的出口面临一定挑战。

集装箱出口数量和金额分别增长 135.7% 和 108.6%，这一显著增长可能与全球贸易复苏和物流需求增加密切相关。液晶平板显示模组的出口金额增长 10.3%，表明相关产品在全球电子产品供应链中的重要性依然突出。

总体来看，2024 年中国出口商品结构正在向高附加值和技术密集型方向转型，传统劳动密集型商品的竞争力有所下降。这一变化既反映了中国经济结构的调整，也显示出全球市场需求的变化对中国不同商品出口的影响。未来，中国需要继续推动技术创新和产业升级，以在全球贸易中保持竞争优势。

相关数值如表 1-4 所示。

表 1-4　中国 2024 年主要商品出口数量、金额及其增长速度

商品名称	单位	数量	比上年增长（%）	金额（亿元）	比上年增长（%）
钢材	万吨	11072	22.7	5950	0.4
纺织纱线、织物及其制品	—	—	—	10102	7.0
服装及衣着附件	—	—	—	11326	1.4
鞋靴	万双	920152	3.3	3336	−3.8
家具及其零件	—	—	—	4830	7.0
箱包及类似容器	万吨	362	9.6	2458	−2.0
玩具	—	—	—	2837	−0.7
塑料制品	—	—	—	7549	6.7

表1-4 续

商品名称	单位	数量	比上年增长（%）	金额（亿元）	比上年增长（%）
集成电路	亿个	2981	11.6	11352	18.7
自动数据处理设备及其零部件	—	—	—	14661	11.2
手机	万台	81394	1.5	9559	-2.4
集装箱	万个	545	135.7	1213	108.6
液晶平板显示模组	万个	189264	11.9	2066	10.3
汽车（包括底盘）	万辆	641	22.8	8347	16.5

数据来源：https://www.stats.gov.cn/sj/zxfb/202502/t20250228_1958817.html

（二）进口

在进口方面，中国主要商品进口呈现出一定的分化趋势，反映出国内需求结构的变化。能源与原材料类商品的进口表现得尤为显著，天然气进口数量增长9.9%，金额增长2.5%，显示出中国对清洁能源的需求持续增加，同时可能受到国际天然气价格波动的影响。原油进口数量略有下降，金额下降2.7%，反映出国内对原油的需求可能趋于稳定或受到替代能源发展的冲击。煤炭进口数量增长14.4%，但金额仅下降0.7%，表明煤炭价格可能有所回落，但国内能源保供需求依然较强。

在工业原材料方面，铁矿砂及其精矿的进口数量增长4.9%，但金额下降1.4%，可能与国际铁矿石价格波动有关。食用植物油的进口数量和金额分别大幅下降26.8%和27.9%，这可能与国内油脂供应的增加或国际油脂价格高企有关。

高技术产品进口表现亮眼，集成电路商品进口数量增长14.6%，金额增长11.7%，显示出中国对半导体产品的需求依然强劲，可能与国内电子产业的持续扩张和对高端芯片的依赖有关。未锻轧铜及铜材的进口金额增长14.7%，反映出国内制造业对铜的需求旺盛，尤其是在电气设备和电子行业。

在消费品方面，汽车（包括底盘）的进口数量和金额分别下降11.7%和16.1%，这可能与国内汽车市场的竞争加剧以及新能源汽车的快速发展对进口车形成替代有关。

总体来看，2024年中国进口商品结构的变化反映了国内经济转型和需求升级的趋势。能源与原材料的进口波动可能与国际市场价格和国内政策调整密切相关，而高技术产品的进口增长则凸显了中国在全球产业链中的技术依赖和升级需求。未来，中国需要在保障能源安全的同时，进一步推动高技术领域的自主创新，以减少对外部供应的依赖。

相关数值如表1-5所示。

表1-5 2024年主要商品进口数量、金额及其增长速度

商品名称	单位	数量	比上年增长（%）	金额（亿元）	比上年增长（%）
大豆	万吨	10503	6.5	3751	−9.8
食用植物油	万吨	716	−26.8	528	−27.9
铁矿砂及其精矿	万吨	123655	4.9	9406	−1.4
煤及褐煤	万吨	54270	14.4	3705	−0.7
原油	万吨	55342	−1.9	23108	−2.7
成品油	万吨	4823	1.0	2083	5.7
天然气	万吨	13169	9.9	4637	2.5
初级形状的塑料	万吨	2898	−2.1	3117	−2.0
纸浆	万吨	3435	−6.3	1593	−4.3
钢材	万吨	681	−10.9	819	−8.1
未锻轧铜及铜材	万吨	568	3.4	3848	14.7
集成电路	亿个	5492	14.6	27445	11.7
汽车（包括底盘）	万辆	71	−11.7	2785	−16.1

数据来源：https://www.stats.gov.cn/sj/zxfb/202502/t20250228_1958817.html

四、中国2024年跨境电商进出口数据分析

根据海关总署发布的数据，2024年中国跨境电商进出口总额达26300亿元，增长10.8%。在2024年前三季度，中国跨境电商进出口1.88万亿元，同比增长11.5%，高于同期中国外贸整体增速6.2个百分点。其中，出口1.48万亿元，同比增长15.2%；进口3991.6亿元，同比下降0.4%。

2024年中国跨境电商进出口总额达26300亿元，显示出跨境电商行业的蓬勃发展态势，其在国际贸易中的占比日益提升，成为推动中国外贸增长的重要力量。其中，2024年上半年出口额约9799亿元，同比增长18.7%；2024年上半年进口额2664亿元，同比下降3.9%。出口额远高于进口额，表明中国在跨境电商领域具有较强的出口竞争力，中国制造的各类商品在全球市场上受到广泛欢迎，也反映出中国作为制造业大国在全球供应链中的重要地位。

进出口商品涵盖了电子产品、服装、家居用品、化妆品、保健品、母婴用品、机电产品、汽车零部件、高端机械设备等多个品类，体现了中国跨境电商商品的丰富多样性，能够满足不同国家（地区）消费者的多样化需求。

美国、英国、日本、德国、澳大利亚为中国跨境电商进出口主要国家。美国进出口商品涵盖电子产品、服装、家居用品、高端机械设备等；英国则以服装、家居用品、电子产品、化妆品、保健品为主；日本包括电子产品、家居用品、服装、化妆品、母婴用品等；德国主要涉及机电产品、汽车零部件、高端机械设备；澳大利亚则以服装、家居用品、保健品、母婴用品为主。以上说明中国跨境电商的市场覆盖面较广，商品结构多元，与全球主要经济体之间的贸易往来频繁，且在不同国家（地区）具有一定的市场份额和影响力。不同国家（地区）对中国商品的偏好有所不同，反映了各国（地区）基于自身的经济发展水平、消费习惯和市场需求，对中国商品有着不同的选择和侧重。

第四节 测试题

一、单选题

1. 跨境电商的定义是通过（　　）进行商品或服务交易的商业模式。

　　A. 传统贸易方式

　　B. 互联网平台

　　C. 实体店铺

　　D. 电话销售

2. 跨境电商的特点不包括（　　）。

　　A. 市场全球化

　　B. 交易成本高

　　C. 数据驱动运营

　　D. 灵活的经营模式

3. 跨境电商的发展历程大致分为（　　）个阶段。

　　A. 二

　　B. 三

　　C. 四

　　D. 五

4. 跨境电商的核心在于（　　）。

　　A. 国内物流

　　B. 跨境交易

　　C. 平台推广

　　D. 本地化服务

5. 跨境电商的优势不包括（　　）。

　　A. 市场全球化

　　B. 高成本高效率

　　C. 数据驱动运营

　　D. 灵活的经营模式

6. 以下哪项是跨境电商的挑战？（　　）

　　A. 物流与配送难题

　　B. 市场全球化

　　C. 高效的支付系统

　　D. 丰富的商品种类

7. 跨境电商选品时，以下哪个因素相对不那么重要？（　　）

　　A. 产品重量和体积

　　B. 市场需求和竞争

　　C. 产品颜色

　　D. 产品利润空间

8. 跨境电商的未来发展趋势不包括（　　）。

　　A. 市场全球化

　　B. 技术创新驱动

　　C. 可持续发展

　　D. 单一市场依赖

9. 以下哪种情况可能导致商品被海关扣留？（　　）

　　A. 商品价值过低

　　B. 商品未申报或申报不实

　　C. 商品包装精美

　　D. 商品重量过轻

10. 跨境电商卖家在选择产品时，以下哪种产品相对风险较低？（　　）

　　A. 涉嫌侵权的品牌商品

　　B. 需要特殊认证的商品

　　C. 体积大且重量重的商品

　　D. 热门且市场需求稳定的小型家居用品

二、多选题

1. 跨境电商的主要参与者包括（　　）。

　　A. 卖家

　　B. 买家

　　C. 平台

　　D. 物流公司

2. 跨境电商与传统外贸的区别在于（　　）。

　　A. 交易方式

　　B. 流程

　　C. 成本

　　D. 效率

3. 跨境电商的优势包括（　　）。

　　A. 市场全球化

　　B. 低成本、高效率

C. 数据驱动运营

D. 灵活的经营模式

4. 跨境电商的挑战包括（　　）。

A. 物流与配送

B. 文化差异与本地化

C. 政策与法规风险

D. 支付与汇率风险

5. 跨境电商的发展历程可以大致分为（　　）。

A. 起源与早期发展

B. 互联网时代的跨境电商崛起

C. 全球化趋势与未来展望

D. 衰退阶段

6. 2024 年中国货物进出口的主要特点包括（　　）。

A. 出口增速高于进口

B. 对共建"一带一路"国家（地区）进出口额增长显著

C. 民营企业占比提升

D. 高新技术产品出口表现突出

7. 跨境电商的运营模式包括（　　）。

A. B2B

B. B2C

C. C2C

D. O2O

8. 跨境电商的物流方式包括（　　）。

A. 国际快递

B. 邮政小包

C. 海外仓

D. 专线物流

9. 跨境电商的政策法规包括（　　）。

A.《中华人民共和国电子商务法》

B.《中华人民共和国关税法》

C. 消费者权益保障法规

D. 知识产权保护法规

10. 跨境电商的未来发展趋势包括（　　）。

A. 市场全球化

B. 技术创新驱动

C. 可持续发展

D. 绿色物流

三、填空题

1. 跨境电商的交易方式是通过互联网平台进行交易，买卖双方可以在_____沟通，而传统外贸通常通过线下渠道进行交易，流程复杂。

2. 在客户体验方面，跨境电商中消费者可以直接与卖家沟通，享受更便捷的购物体验；而传统外贸中消费者体验较差，通常需要通过_____购买商品。

3. 跨境电商与传统外贸在交易方式、流程、成本和_____等方面存在显著差异。

4. 跨境电商的核心在于"_____"，即交易双方位于不同的国家（地区）。

5. 跨境电商的挑战包括物流与配送、文化差异与本地化、政策与法规风险和_____。

6. 跨境电商的发展历程可以大致分为起源与早期发展、互联网时代的跨境电商崛起和_____。

7.跨境电商与传统外贸相比，在交易方式上，跨境电商主要通过_____进行在线交易。

8.跨境电商的运营模式包括 B2B、B2C、C2C 和_____。

9.跨境电商的物流方式包括国际快递、邮政小包、海外仓和_____。

10.跨境电商的未来发展趋势包括市场全球化、技术创新驱动、_____。

第二章
跨境电商运营全攻略

跨境电商的运营是一门综合业务，涉及多个关键环节的协同运作。本章聚焦跨境电商运营的核心流程，从市场调研、选品策略到定价、营销推广，再到物流配送和售后服务，通过理论与实践的结合，为读者呈现一套完整的运营体系，助力读者掌握跨境电商运营的精髓。

第一节
跨境电商运营的关键环节

跨境电商的成功运营涉及多个关键环节，每个环节都需要精细化的管理和优化。本节将详细介绍跨境电商运营的四大关键环节：市场调研、选品策略、定价策略、营销推广。通过对这些环节的深入分析，帮助读者掌握跨境电商运营的核心技能。

一、市场调研

（一）市场调研的主要内容

1. 市场环境调查

市场环境主要涵盖经济环境、政治环境、社会文化环境、科学环境和自然地理环境等。市场环境调查具体包括对市场的购买力水平、经济结构、国家（地区）的方针政策和法律法规、风俗习惯、科学发展动态、气候等的调查，这些因素均会对市场营销产生影响。

2. 市场需求调查

市场需求调查包括消费者需求量调查、消费者收入调查、消费结构调查、消费者行为调查。需了解消费者为什么购买、购买什么、购买数量、购买频率、购买时间、购买方式、购买习惯、购买偏好以及购买后的评价等。

3. 市场供给调查

市场供给调查主要涉及产品生产能力调查、产品实体调查等。具体为对某一产品市场可以提供的产品数量、质量、功能、型号、品牌等，以及对生产供应企业情况的调查。

4. 市场营销因素调查

市场营销因素调查包括对产品、价格、渠道和促销的调查。对产品的调查主要包括了解市场上新产品开发的情况、设计的情况、消费者使用的情况、消费者的评价、产品生命周期阶段、产品的组合情况等；对价格的调查主要包括了解消费者对价格的接受情况、对价格策略的反应等；对渠道的调查主要包括了解渠道的结构、中间商的情况、消费者对中间商的满意情况等；促销活动调查主要包括对各种促销活动效果的调查，如广告实施的效果、人员推销的效果、营业推广的效果和对外宣传的市场反应等。

5. 市场竞争情况调查

市场竞争情况调查主要包括对竞争企业的调查和分析，了解同类企业的产品、价格等方面的情况以及采取的竞争手段和策略，做到知己知彼，从而帮助企业确定自身的竞争策略。

（二）市场调研的方法

1. 数据分析

利用谷歌趋势（Google Trends）、西米勒网络（SimilarWeb）等工具分析市场趋势和竞争对手数据。

2. 问卷调查

通过在线问卷了解消费者的需求和偏好。

3. 实地考察

对于重要市场，可以进行实地考察，了解当地的文化和消费习惯。

二、选品策略

（一）选品策略的定义

选品策略是企业在众多商品中挑选出最适合市场需求、符合企业定位、能够带来商业价值的产品的过程，是指企业在进行商品选购的过程中，制定的一系列明确的选品原则和标准。这些原则和标准可以包括商品属性、市场需求、竞争对手情况、价格水平、销售渠道等。

（二）选品策略的重要性

1. 满足市场需求

通过深入了解消费者的需求和偏好，企业可以精准地选择符合市场需求的商品，提高销售转化率。

2. 提升品牌形象

优质的选品能够提升企业的品牌形象，增强消费者对品牌的信任度和忠诚度。

3. 增强市场竞争力

通过制定选品策略优化选品，企业可以优化产品结构，让产品在激烈的市场竞争中脱颖而出，吸引更多的消费者关注和购买，增加企业的市场占有率和竞争力。

4. 确立企业定位

通过选品策略的制定，企业可以明确了解自身的定位，确定自己的发展策略和方向。

三、定价策略

（一）成本导向定价

1. 成本加成定价法

以产品单位成本为基础，加上预期利润来确定价格。计算公式为：单位产品价格＝单位产品总成本×（1+目标利润率）。

2. 目标收益定价法

根据企业的投资总额、预期销量和投资回收期等因素来确定价格。

3. 边际成本定价法

适用于企业是否要按较低的价格接受新任务、为减少亏损而降价争取更多任务、生产互相替代或互补的几种产品等情况。

（二）需求导向定价

1. 认知价值定价法

根据消费者对产品价值的认知程度来确定价格。企业通过产品差异化和市场定位，提高消费者对产品价值的认知，从而提高价格上限。

2. 反向定价法

依据消费者能够接受的最终销售价格，逆向推算出产品的批发价和零售价。这种方法以市场需求为定价出发点，力求价格被消费者接受。

3. 需求差异定价法

根据不同的市场需求和消费者特征，制定不同的价格。

（三）竞争导向定价

1. 高价策略

适用于市场有足够的购买者且需求缺乏弹性的情况，企业可以通过高价获取高额利润。

2. 低价策略

适用于市场需求对价格极为敏感的情况，通过低价吸引大量顾客，提高市场占有率。

3. 差异化定价

根据产品的独特价值和对目标市场的重要性来定价，使消费者愿意为产品付出更高的价格。

（四）心理定价

1. 尾数定价

如将价格定为 19.99 元而不是 20 元，使消费者感觉价格更低。

2. 锚定定价

为顶配产品定一个超高价，通过高价锚点提升其他产品的吸引力。

四、营销推广

（一）营销推广的主要渠道

营销推广是吸引消费者、提升品牌知名度和销量的关键手段。营销与推广的主要渠道包括以下几种。

1. 搜索引擎优化（SEO）

通过优化网站内容和结构，提高网站在搜索引擎中的排名。

2. 搜索引擎营销（SEM）

通过付费广告在搜索引擎中推广产品。

3. 社交媒体营销

利用脸书（Facebook）、照片墙（Instagram）等社交平台进行推广。

4. 内容营销

通过博客、视频等内容吸引消费者。

（二）营销推广的策略

1. 精准营销

根据消费者行为数据进行精准广告投放。

2. 网红营销

与网红合作，利用其影响力推广产品。

3. 促销活动

通过打折、满减等促销活动吸引消费者。

第二节
广告策略剖析

在跨境电商的浪潮中,在Facebook投放广告被许多商家寄予厚望,然而,其背后隐藏的真相却常常被忽视。一些商家盲目追求广撒网式的投放策略,结果陷入困境。以国内某服装品牌为例,其同时将广告投入20多个产品系列,覆盖多个市场,最终广告费耗尽,投资回报率(ROI)却惨不忍睹,库存积压导致现金流断裂,团队被迫解散。这深刻揭示了"什么都想投"并非有效策略,反而可能拖垮企业。

与之形成鲜明对比的是,波兰某小众护肤品牌的成功经验。他们聚焦30~40岁职场女性,主打"天然抗衰老"概念,精准定位受众,以真实用户故事为广告素材,持续优化广告内容,通过不断打磨文案和图片,在短短6个月内,ROI翻了5倍,客单价从20美元提升至80美元,产品成为东欧市场的一匹"黑马"。

这表明,在Facebook投放广告的本质在于做"减法"——精准聚焦细分市场,砍掉非核心受众、冗余素材和分散注意力的伪需求,才能真正发挥其效能。那些盲目追热点的卖家,往往被算法标记为"低质广告主",而像上述小众护肤品牌这样精心优化的广告账户,才能在竞争中脱颖而出。

第三节
跨境电商平台全景分析

一、行业发展趋势与供应链变革

（一）自主供应链建设成为核心壁垒

跨境电商从业者正从"贸易中间商"向"产品创新者"转型。随着消费者对个性化需求的提升，单纯依赖选品采购的模式已难以满足市场竞争需求。数据[②]显示，海外仓分销模式在行业中逐渐占据一定的比例，通过分布式仓储网络有效降低了中小卖家的库存压力。从图 2-1 可以看出，自研后合作代工生产的模式占比最高，为 40.49%。这表明大多数企业选择自主研发产品后，与代工厂合作进行生产。这种模式结合了研发的灵活性和代工厂的规模化生产能力，既能控制成本，又能快速响应市场需求。而国内自有工厂研发生产占比 38.65%，说明有不少企业选择在自有工厂内完成研发和生产，反映了部分企业对自有生产资源的依赖，尤其是在需要严格把控质量和生产流程的领域，因此长期竞争力仍需依赖产品创新和本地化服务能力。

---

② 本节数据除特别说明外，均来自"跨境眼"网站中《进击的跨境人》第十二期"答案——2025 跨境电商年度数据报告"（https://hd.kuajingyan.com/report/detail/64）。

货源渠道	占比
知名品牌代理	4.29%
海外仓同行分销	9.82%
向国外工厂采购成品	36.81%
线上批发平台采购	34.36%
自研后合作代工生产	40.49%
国内自有工厂研发生产	38.65%

跨境电商企业采购来源占比

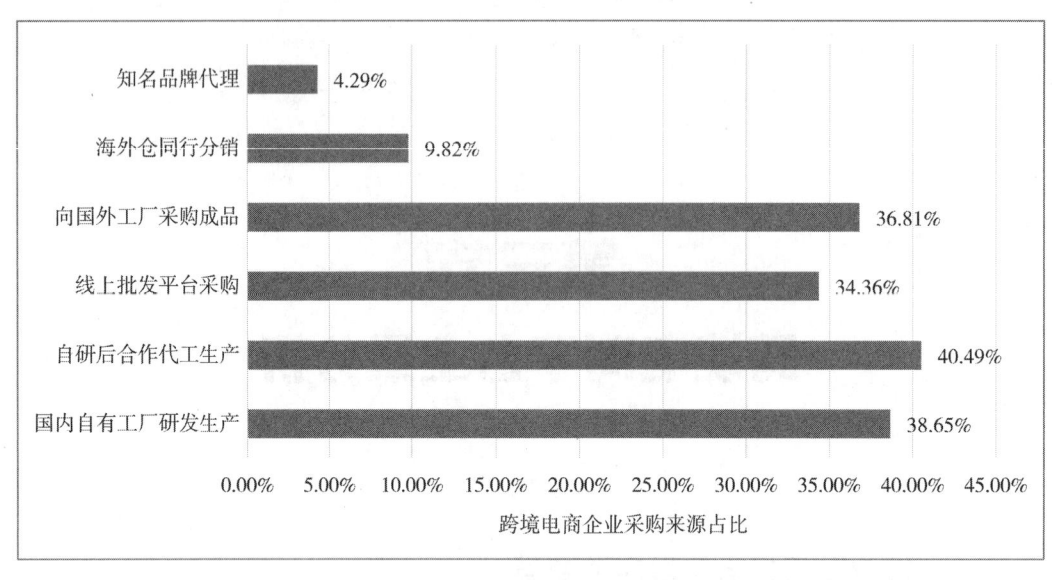

图 2-1　跨境电商企业货源渠道

（二）工贸一体化加速行业洗牌

传统贸易型卖家的市场份额逐步被压缩，工贸一体化企业凭借研发与生产的深度融合快速抢占市场。例如，某广东家具企业通过自建设计中心显著缩短了新品开发周期，推动了柔性供应链模式的普及。这种转型不仅提升了利润空间，更推动了行业从价格竞争向价值竞争的演进。

二、平台生态格局

（一）主流平台形成"三极分化"

亚马逊、抖音小店（TikTok Shop）和拼多多跨境电商平台（Temu）构成客户导流的三大核心平台，贡献了主要流量（见图 2-2）。亚马逊凭借成熟的物流服务保持领先地位；TikTok Shop 则通过"短视频＋即时购物"模式开辟新战场；Temu 以低价策略迅速渗透下沉市场。此外，独立站作为第四名，在高客单价品类中展现独特优势。

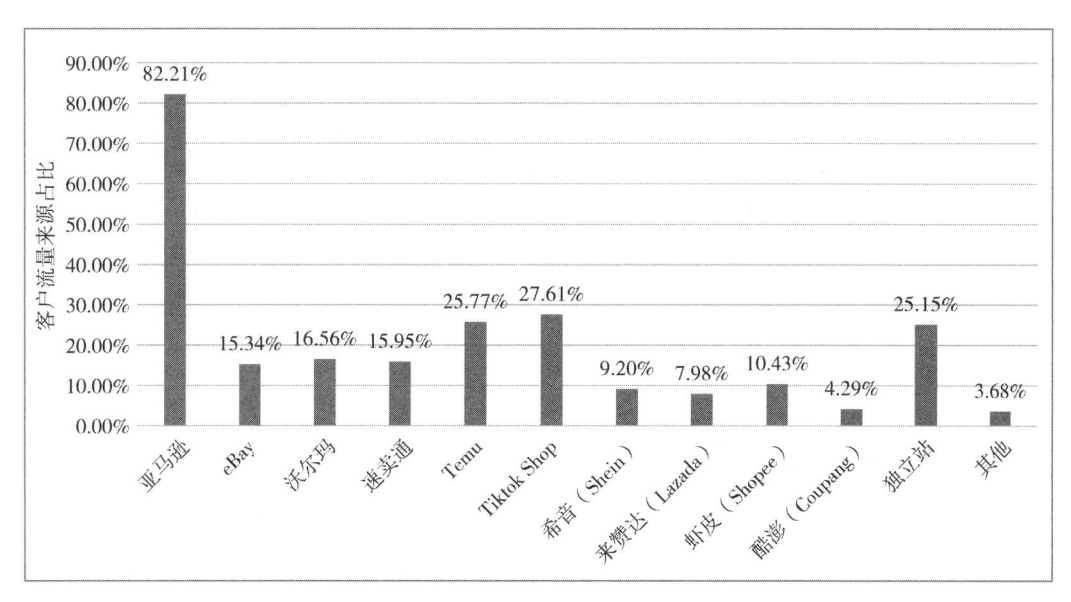

图 2-2 带来客户的主要电商平台

表 2-1 展示了卖家入驻的主要平台与各平台中不同规模卖家的占比情况。亚马逊吸引了更多中大型卖家，其中年销售额在 1 亿元以上的卖家占比达到 50%，而 TikTok Shop 和 Temu 则更多地吸引了中小卖家，年销售额在 5000 万元以下的卖家占比分别为 25% 和 30%。

表 2-1 卖家入驻的主要平台与各平台中不同规模卖家占比

平台名称	5000万元以下	5000万元~1亿元（含1亿元）	1亿~3亿元（含3亿元）	3亿~10亿元（含10亿元）	10亿~20亿元（含20亿元）	20亿元以上
亚马逊	30%	20%	15%	10%	10%	15%
eBay	25%	25%	15%	10%	10%	15%
沃尔玛	35%	20%	15%	10%	10%	10%
速卖通	40%	20%	15%	10%	5%	10%
Temu	30%	25%	20%	15%	5%	5%
TikTok Shop	25%	30%	20%	15%	5%	5%
希音（Shein）	20%	25%	25%	15%	10%	5%
来赞达（Lazada）	35%	25%	20%	10%	5%	5%

表 2-1 续

平台名称	5000万元以下	5000万元~1亿元（含1亿元）	1亿~3亿元（含3亿元）	3亿~10亿元（含10亿元）	10亿~20亿元（含20亿元）	20亿元以上
虾皮（Shopee）	30%	25%	20%	15%	5%	5%
酷澎（Coupang）	35%	25%	20%	10%	5%	5%
独立站	30%	25%	25%	10%	5%	5%
其他	35%	25%	20%	10%	5%	5%

（二）平台合作催生新商业模式

跨平台联动正在重构商业生态。TikTok 与亚马逊合作实现"内容即货架"，用户可直接在短视频界面购买亚马逊的商品；沃尔玛开放物流网络后，第三方卖家的配送时效显著提升。此类合作不仅降低了商家的运营复杂度，更推动了"社交—搜索—交易"全链路的打通。

三、发展趋势分析

（一）企业梯队分化分析

相较于 2023 年同期，2024 年跨境电商企业年底大促期间业绩增长呈现梯队分化态势。具体而言，15% 受访企业实现同比增长，业绩持平的稳定型经营主体占比为 24%，业绩下滑企业比例则在 48% 以内。值得关注的是，选择"其他"选项的样本企业中，2% 为新成立企业，这反映出跨境电商领域持续吸引创业资本注入，行业生态保持活跃发展态势。跨境电商企业 2024 年与 2023 年年底大促情况对比如表 2-2 所示。

表 2-2 跨境电商企业 2024 年与 2023 年年底大促情况对比

增长率区间	百分比
同比增长 50% 以上	2%

表 2-2 续

增长率区间	百分比
同比增长 30%~50%	5%
同比增长 10%~30%	5%
同比增长 10% 以下	3%
同比下降 50% 以上	2%
同比下降 30%~50%	15%
同比下降 10%~30%	15%
同比下降 10% 以下	16%
相对稳定，涨跌不明显	24%
其他	13%

（二）目标达成情况分析

以 2024 年年底大促为例，增长情况与年初目标完成情况比对（见表 2-3），在"同比增长 10%~30%"和"同比增长 30%~50%"的区间中，企业"超额完成 50% 以上"和"超额完成 100% 以上"的比例较高，均分别为 25%、15%。当企业实现一定幅度的同比增长时，目标完成情况普遍较好，甚至可能大幅超额完成目标；在"同比下降 10%~30%"和"同比下降 30%~50%"的区间中，"未能达成目标"的比例较高，分别为 20%、25%，市场波动对企业目标完成情况形成显著冲击。

表 2-3　2024 年年底大促增长情况与年初目标完成情况对比

年底大促增长率区间	未能达成目标（差很远）	未能达成目标（差一点）	可达成目标	超额完成 50% 以下	超额完成 50% 以上	超额完成 100% 以上
相对稳定，涨跌不明显	10%	20%	30%	25%	10%	5%
同比下降 10% 以下	15%	15%	25%	20%	10%	15%
同比下降 10%~30%	20%	10%	15%	25%	20%	10%
同比下降 30%~50%	25%	15%	20%	15%	15%	10%
同比下降 50% 以上	30%	20%	15%	10%	15%	10%

表 2-3 续

年底大促增长率区间	未能达成目标（差很远）	未能达成目标（差一点）	可达成目标	超额完成50%以下	超额完成50%以上	超额完成100%以上
同比增长10%以下	10%	15%	25%	20%	15%	15%
同比增长10%~30%	5%	10%	20%	25%	25%	15%
同比增长30%~50%	5%	10%	25%	20%	25%	15%
同比增长50%以上	5%	15%	20%	25%	20%	15%

企业需要重点关注如何实现同比增长，这通常与目标完成情况密切相关。对于可能出现同比下降的企业，需提前制定应对策略，避免目标无法达成。同时，应根据历史数据和市场环境合理设定目标，避免目标过于激进或保守，需考虑宏观经济、市场竞争等外部因素对企业增长和目标完成的影响。

四、成本压力与合规挑战

跨境电商行业正面临前所未有的成本压力与合规挑战。2025年，企业成本结构将发生显著变化，其中预测合规成本以20.86%的占比高居首位（见表2-4）。欧盟《数字服务法案》（DSA）的实施迫使企业重构运营流程，某企业因未通过能效认证导致订单损失，凸显合规管理的迫切性。物流成本紧随其后，进一步挤压利润空间，跨境电商企业认为物流成本为成本显著增加的原因排序第2位的比例达26.99%。关税提高的连锁效应同样不容小觑，美国301条款修订导致3C产品进口税率提高，迫使企业重新规划供应链布局。

表 2-4 2025年跨境电商企业认为成本显著增加的原因排序

成本项目	第1位	第2位	第3位	第4位	第5位	第6位	第7位	第8位
采购成本	19.02%	8.59%	14.72%	12.27%	9.20%	11.66%	14.11%	10.43%
物流成本	14.72%	26.99%	13.50%	12.88%	11.04%	7.98%	7.36%	5.52%
合规成本	20.86%	15.95%	14.72%	11.66%	9.20%	9.20%	11.66%	7.98%

表 2-4 续

成本项目	第1位	第2位	第3位	第4位	第5位	第6位	第7位	第8位
海外仓成本	4.29%	11.66%	17.79%	19.02%	18.40%	10.43%	8.59%	9.82%
关税提高	17.79%	14.72%	13.50%	13.50%	17.18%	17.18%	5.52%	6.13%
人员成本	5.52%	3.68%	11.66%	7.98%	17.18%	18.40%	18.40%	11.66%
广告成本	12.27%	11.66%	7.98%	10.43%	17.18%	19.82%	21.47%	9.20%
研发费用	5.52%	6.75%	6.13%	12.27%	9.82%	7.36%	12.88%	39.26%

为应对这些挑战，头部企业与中小卖家探索差异化路径。有的头部企业通过自建欧盟化学品注册、评估、授权和限制法规（REACH）认证实验室实现"合规前置化"，有的中小卖家则借助 RCEP 将一部分订单转移至东南亚中转仓，如某美妆品牌通过马来西亚仓降低北美市场物流成本。这些策略不仅缓解了跨境电商企业的短期压力，更推动了全球供应链网络的重构。

五、效率革新与未来展望

当全球化红利遭遇流量见顶的天花板，效率革新成为跨境电商行业的破局利刃。从算法驱动的供应链重构到毫秒级的数据决策，效率不再仅仅是成本核算的附属品，而是重塑商业生态的核心变量。正如工业革命中蒸汽机对生产力的指数级放大，今天的效率革新正以数字化、智能化为引擎，推动行业从粗放扩张向精细化运营的"范式转移"。行业集中度在效率驱动下加速提升，千万美元级企业通过三重壁垒巩固优势：规模化采购协议降低原材料成本，用户行为数据库提升转化率，全渠道运营策略扩大利润差。

在未来的竞争中，东南亚、中东等新兴市场的贡献率预计有所突破；技术应用普及率将会显著增长；欧盟碳足迹要求将会使企业构建环境、社会、治理（ESG）管理体系。具有前瞻性的企业已通过区块链技术实现面料溯源，将碳排放数据嵌入产品标签，提前卡位绿色贸易赛道。这场效率革新不仅重塑竞争格局，更指出了跨境电商从"野蛮生长"到"精耕细作"的进化方向。企业需在效率提升、技术创新和绿色转型中找到平衡点，才能在未来的全球化竞争中占据主动。

第四节
跨境电商商家结算详解

随着互联网技术的飞速发展,跨境电商已经深入全球消费者的生活,涵盖了衣食住行、吃喝玩乐等众多领域。如今,说起跨境电商,大家耳熟能详的平台有亚马逊、eBay、速卖通、Wish、虾皮、Lazada、Temu等。这些平台在商业模式上各有特点,为消费者提供了丰富多样的国际购物选择。

在跨境电商平台类型方面,常见的有 B2B(企业对企业)、B2C(企业对消费者)、B2B2C(企业对企业对消费者)、C2C(消费者对消费者)、DTC(直面消费者)等多种模式。当我们在这些平台购物时,经常会看到店铺标识如官方旗舰店、专卖店、海外直邮店等。消费者普遍认为官方旗舰店和海外直邮店更值得信赖,但这些店铺的商品价格往往不是最低的,第三方卖家的价格可能会更低。

对于跨境电商的业务流程,大家在日常购物中可能已经有一定的了解。然而,对于商家在平台开立网店所需缴纳的费用,以及商品销售后平台如何与商家进行跨境结算,其结算依据和标准是什么等问题,很多人并不清楚。实际上,各大跨境电商平台的结算模式在本质上基本相似,但由于平台定位的不同,在计费规则和命名上会存在一些差异。为了帮助大家深入理解跨境电商平台的结算机制,本节将对较普遍存在的跨境电商平台规则进行详细的剖析。

一、跨境电商经营模式

在跨境电商业务中,主要存在两种经营模式:一种是商家入驻平台进行自主经营（第三方卖家），另一种是平台自营（如亚马逊自有品牌）。在第三方卖家模式下，平台为商家提供交易撮合、营销推广、金融服务及物流支持等一系列服务，并向商家收取相应的服务费用。此时，平台扮演着中介的角色，连接商家与海外消费者，促进交易的达成。平台自营业务则是由平台自身作为销售主体，直接采购商品并进行销售，其经营模式与第三方卖家模式有所不同。

此外，还存在其他几种常见的跨境电商经营模式。

（一）经销模式

经销模式下，零售商向供应商（上级分销商或厂商）批量采购商品，然后在跨境电商平台上进行零售。零售商在这种模式下拥有较高的自主权，能够自主定价，利润空间相对较大，但同时也需要自己掌控商品的履约过程，适合那些销售能力强、资金充裕且所采购商品动销良好的零售商。

（二）代销模式

代销模式适用于零售商缺少货源、经营资金较少、商品不易销售的情况。零售商与供应商签订协议，由零售商负责商品的销售，而供应商则负责履约。这种模式下，零售商的资金占用较少，风险也相对较低，但利润较低，且控货能力较差。

（三）直销模式

直销模式是指品牌商或生产厂商直接在跨境电商平台上销售自己生产的产品，省去了中间环节，能够更好地控制品牌形象和销售策略。

（四）寄售模式

寄售模式则是指在商品销售完成之前，货权归供应商所有，只有在销售完成时，零售商才向供应商采购，然后再销售给客户。这种模式有助于降低零售商的库存压力和资金风险。

二、跨境电商主要结算费用

（一）保证金

保证金是商家在跨境电商平台经营的重要保障，其主要作用是确保商家按照平台的规则进行合法合规的经营活动。若商家出现违规行为，平台将依据服务协议及相关规则规定，使用保证金向平台及消费者支付违约金。例如，当订单发生售后退款情况，或者商家未按约定时间发货而需要进行赔付时，保证金就会被用来支付相应的违约金。

商家在入驻平台并通过审核后，须在获得店铺名后的约定天数内完成保证金的锁定。保证金的金额根据商家所经营的类目、品牌以及店铺类型等因素而有所不同。

（二）软件年服务费（年费）

软件年服务费是商家在跨境电商平台经营期间所需交纳的年度服务费用，其金额根据商家所经营的类目而分为不同的档次。若商家经营多个类目，则按照最高收费金额的类目来收取年费。有的平台系统会每年年初根据商家上一年度的销售额完成情况进行折算，并相应地返还部分年费。年费的计算公式为：当年入驻月份乘以年费再除以 12。

（三）交易手续费（佣金）

交易手续费是指商家在跨境电商平台上进行交易时，按照销售额（一般不包含运费）的一定百分比向平台交纳的费用。简单来说，商家每成交一笔订单，平台都会从该笔订单的总成交金额（除去运费的金额）中扣除对应类目服务费率的款项。交易手续费根据不同的商品类目而有所差异，并且在订单交易完成后实时划扣。

例如，A 在 B 旗舰店购买了一件女装，支付金额为 100 美元，且商家包邮。假如女装的服务费率为 15%，那么平台收取的交易手续费就是 100 × 15%=15 美元。如果对 A 购买的女装，商家不包邮，支付金额为 100 美元，其中运费为 10 美元，那么平台收取的交易手续费就是（100–10）× 15%=13.5 美元。

在实际交易过程中，还可能会出现退款情况。例如，A 购买女装时支付了 100

美元（商家包邮），后因衣服有瑕疵与商家协商退款 10 美元。此时，平台收取的交易手续费将根据退款金额进行调整，即 10×15%=1.5 美元，平台需退还给商家 1.5 美元。

（四）物流与仓储费用

物流与仓储费用是跨境电商运营中不可或缺的一部分费用。以国际主流跨境电商平台的物流服务为例，其费用主要涵盖仓储费、配送费、订单处理费、增值服务费等。

仓储费：商家需根据商品体积、重量及存储时长支付费用，平台通常按月计费，不同品类商品的收费标准存在差异，部分平台对长期积压库存额外征收长期仓储费，以优化仓储空间利用率。

配送费：依据包裹尺寸、重量、运输距离及目的地国家（地区）制定差异化费率，偏远地区配送成本显著高于核心物流网络覆盖区域。

订单处理费：包含商品分拣、包装、贴标及运输单据处理等环节的费用，平台可能根据订单数量或单笔订单 SKU 复杂度调整收费标准。

增值服务费：如提供定制化包装、商品组合装配、退换货处理等服务，其费用结构与具体服务内容深度绑定。

这些费用的计算方式受商品物理属性（体积、重量、易碎性等）、销售淡旺季的物流需求波动、平台物流服务标准（如是否提供加急配送）、国际运输法规合规成本等方面因素的影响。商家需定期分析物流费用占总销售额的比率，通过合理规划库存周转策略、优化商品包装设计、选择性使用增值服务、精准预测销售趋势等手段，将物流成本控制在目标成本区间内，确保平台运营的长期盈利能力。

（五）营销费用

为了提高店铺或商品的曝光度，吸引更多目标客户点击和购买，跨境电商平台商家通常会付费进行竞价排名等营销活动，以达成预期的营销目标。

常见的营销工具最终出价的计算公式为：基础出价×（1+人群溢价）×（1+智能调价溢价）×分时折扣。例如，A 对关键词"女装"出价为 0.5 美元，设置的分时折扣为 90%，智能调价溢价为 30%，智能拉新人群溢价为 40%。当 B 搜索"女装"

且符合智能拉新人群范围时，最终出价为 0.5×90%×（1+40%）=0.63 美元。若该流量还属于优质流量，智能调价溢价 30%，则最终出价为 0.5×90%×（1+40%）×（1+30%）=0.819 美元。

商家可以根据营销目标，设定总营销预算，参考历史价格与效果选择出价方式（如最大点击量、最低成本等），以获取更多的展现次数、点击量或成交量。

三、金融服务费用

（一）支付服务类费用

1. 信用卡手续费

当用户在商家店铺购买商品时选择使用信用卡支付，平台会向商家收取支付服务费。

2. 货币兑换手续费

若商家选择将外币收入兑换为本地货币，平台会向商家收取货币兑换手续费。具体手续费率因平台和货币而异。

（二）供应链金融服务类费用

1. 极速回款

极速回款服务旨在帮助商家缩短账期、加速资金周转。商家开通服务后，将获得一定的可回款额度。在额度范围内，只要订单符合条件，商家在发货后即可提前收到订单金额对应的款项，无须等待买家确认收货，资金即可迅速到账。手续费一般按笔收取。

2. 订单贷

订单贷是部分跨境电商平台（如速卖通）为商家提供的金融服务，商家可以对符合条件的订单申请贷款。贷款额度通常为订单金额的 50%~80%，周期一般最长为 90 天，按日计息。

四、违规违约罚扣款

随着跨境电商平台的不断发展和完善，平台规则日益繁杂，涵盖了商家经营的方方面面。根据违规性质和影响程度，商家违规行为主要可以归纳为以下几类。

（一）虚假发货

虚假发货指订单按发货标准显示"已揽收/揽件"等信息后，24 小时内无任何物流更新记录；物流信息流转过程中，停滞时间超过正常快递节点流转时间；物流订单对应的物流轨迹与买家收货地址不符；实际包裹内容与消费者所购商品无关联等情况。对于虚假发货的订单，商家需按照商品实际成交金额的相应比例进行赔付。

（二）超时发货

客户下单后，商家未在承诺的发货时效内发货。商家需按照商品实际成交金额的相应比例进行赔付。

（三）商品描述不符

商家因商品描述与实际商品不符，导致被客户投诉或退货的情况，商家需承担全部退货费用，并可能面临平台罚款。

五、小结

经过多年发展，跨境电商行业已经从最初的探索逐步走向成熟。从最初的 B2B 和 B2C 模式，发展到如今的 DTC、直播电商、内容电商等创新商业模式不断涌现。尽管商业模式不断创新和演变，但商业的本质始终未变。跨境电商平台通过制定合理的规则吸引商家入驻，利用丰富的营销活动吸引用户消费，从而促成交易，实现交易各方的互利共赢。

为了激励商家提高销售业绩，有的平台对销量达标的商家会返还年服务费，帮助商家降低运营成本。同时，平台会为商家提供多样化的营销工具，商家可以通过竞价排名等方式提升店铺和商品的曝光度，吸引更多新用户，进而提升店铺销量。平台还为商家提供了完善的金融和供应链服务，全面赋能商家，助力商家实现商业价值的最大化。

在未来的跨境电商发展进程中，随着技术的不断进步和消费者需求的持续变化，商业模式将继续创新和进化。但无论模式如何变化，平台与商家、消费者之间的协同合作、价值共创是永恒的主题。只有在保障各方利益的基础上，不断优化和提升用户体验，才能推动跨境电商行业持续健康地发展下去。

第五节
跨境电商店铺数据分析

跨境电商店铺每天产生的海量数据如同一座金矿，等待运营人员去挖掘。从销量数据到客户行为，从库存情况到广告投放效果，这些数据背后隐藏着提升店铺盈利的关键信息。然而，面对如此繁杂的数据，许多运营人员不知从何下手，难以精准定位对盈利有决定性影响的关键指标。本节主要围绕以下关键问题展开。

一、明晰盈利状况

跨境电商店铺运营的最终目的就是盈利，但销售额的增长并不等同于利润的增加，这里面存在着不少"利润陷阱"。因此，精准剖析盈利情况至关重要。

（一）拆解销售额结构

采用总分方法对销售额进行细致拆解，能帮助运营人员全面把握店铺的销售态势。具体而言，要明确不同跨境电商平台为店铺贡献的销售额占比，了解各店铺在不同平台上的销售表现，以及不同品类产品的销售情况。通过趋势对比、预实分析、同环比等分析手段，清晰展示销售额的动态变化，为后续决策提供数据支撑。

（二）计算真实利润

销售额不等于利润，这是跨境电商运营必须清楚的关键点。许多店铺看似账面金额不断攀升，但一算利润，店铺却处于亏损状态。要算清真实利润，需从货单及店铺整体两个层面进行计算。

货单利润的计算公式为：货单利润＝货品成交总价－包装成本－国际物流成本－商品成本－平台手续费－货币兑换手续费。

店铺整体利润则是所有货单利润之和，再减去售后成本与平台成本。若想进一步细化分析，还可以将售后成本和平台成本分摊至各个库存单位（SKU），从而更精准地了解每个产品的盈利贡献。

（三）交叉分析 SKU 毛利与销售额

在计算出真实利润后，会发现并非所有 SKU 都能为店铺带来盈利。此时，对 SKU 的毛利与销售额进行交叉分析就显得尤为必要。找出那些销售额高且毛利率也高的热门产品，将其作为重点推广对象，能够有效提升店铺的整体盈利能力。

二、追踪流量来源

了解店铺赚了多少钱之后，接下来要关注的是客户是如何找到店铺的，这涉及流量来源的分析。通过精准评估不同渠道的引流效果，可以为优化流量获取策略提供有力依据。

（一）渠道分层评估

将流量来源渠道进行分层，深入分析各渠道的指标数据，如流量数量、转化率、成本等。对于效果显著的渠道，如谷歌广告（Google Ads）、Facebook、TikTok 等平台，应加大投入力度，进一步提升其引流效果；而对于表现不佳的渠道，则需及时优化调整，甚至暂停投放，以避免不必要的成本浪费。

（二）优化流量策略

基于对各渠道引流效果的评估，运营人员可以制定更具针对性的流量优化策略。例如，针对高转化率但流量较小的渠道，可以尝试增加广告投放预算或优化广告创意，以吸引更多潜在客户；对于流量大但转化率低的渠道，则需要深入分析原因，可能是产品与渠道受众不匹配，或者是页面体验不佳等，进而采取相应改进措施。

三、洞察商品表现

商品是店铺的核心,其销售情况直接影响到店铺的销售额和利润。对商品进行深入分析,有助于优化商品结构,提升店铺整体竞争力。

(一)多维度商品分析

从商品销量、销售额排行入手,了解哪些商品更受市场欢迎;通过商品毛利排行,计算毛利率[(销售收入 – 商品成本)/ 销售收入 ×100%],明确哪些商品盈利能力强;借助库存周转率(销售成本 ÷ 平均库存余额)评估商品的库存流动速度,避免库存积压;商品动销率(有销售的商品 SKU 数 ÷ 总 SKU 数 ×100%)则能反映商品的活跃度,帮助识别滞销商品。

(二)运用数据分析方法

运用波士顿矩阵分析法、帕累托分析法(ABC 分析法)、目标群体指数(TGI)分析法、购物篮分析法等经典数据分析方法,对商品进行更深入的分析。例如,波士顿矩阵分析法可以将商品分为明星产品、现金牛产品、问题产品和瘦狗产品,根据不同类型制定相应的营销策略;购物篮分析法则能挖掘商品之间的关联性,为商品搭售、套餐设计提供依据,从而提升店铺商品的整体竞争力。

四、评估活动效果

在竞争激烈的电商市场,引流促销活动必不可少,但活动的目的并非单纯追求热闹,而是要实现盈利。因此,对活动效果的评估至关重要。

(一)活动投入产出比分析

计算活动净收益,即活动增量销售额 × 毛利率 – 活动成本(优惠 + 推广)。通过活动期间销售额与活动投入成本的对比,得出活动投入产出比(ROI),评估活动的营利性。ROI 的计算方法为:(活动带来的实际收益 – 活动投入成本)÷ 活动投入成本。一般来说,ROI 越高,说明活动的投入产出效果越好。

（二）活动效果指标分析

关注活动的点击率、转化率、参与人数和复购率等指标。点击率反映了活动宣传内容的吸引力和用户的兴趣程度；转化率体现了活动页面将潜在客户转化为实际购买者的效率；参与人数展示了活动的覆盖范围和受欢迎程度；复购率则衡量了活动对客户忠诚度的促进作用。对这些指标的综合分析，能够全面评估活动的效果，为后续活动策划提供参考。

五、提升客户忠诚度

获取新客户的成本远高于留住老客户，复购率对店铺的长期利润有着决定性影响。通过有效的客户运营，提升客户忠诚度，实现客户的重复购买和口碑传播，是跨境电商店铺持续发展的关键。

（一）顾客复购情况分析

计算复购率，即购买过商品的用户在一段时间内再次购买的比例，了解全球客户的重复购买意愿。同时，分析用户活跃度，包括用户在一段时间内登录店铺的次数、浏览商品的频率、收藏商品的次数以及评论次数等，评估用户对店铺的持续关注度。用户停留时间也是重要指标，它反映了用户对店铺内容的兴趣程度，较长的停留时间往往意味着更高的购买可能性。

（二）会员运营分析

深入分析会员的新增率、活跃度、忠诚度和价值贡献。会员新增率反映了店铺吸引新会员的能力；会员活跃度通过会员用户在一定时间内与店铺的互动频率和购买金额来衡量，体现了会员对店铺的参与度；会员忠诚度综合复购率、消费频率和消费金额等指标进行评价，判断会员对店铺的忠诚程度；会员价值贡献则包括会员带来的销售额、利润，以及推荐新用户数量等，全面评估会员对店铺的贡献。

六、小结

掌握以上电商店铺数据分析方法，运营人员就能在日常工作中更加得心应手，精准把握店铺运营状况，及时发现问题并优化策略。如今，借助数据分析工具［如九数云 BI（商业智能）、Tableau 等］，可以实现不同店铺后台数据的自动对接与聚合，打通 ERP、仓库管理系统（WMS）、支付系统等，让销量、流量、库存、广告等数据实现日报、周报、月报的自动化执行，从取数、计算到可视化全程自动化，大大节省了运营、财务以及管理层的时间，让数据真正成为提升跨境电商店铺竞争力的核心驱动力。

第六节
跨境电商运营实战指南

对于新手卖家来说，快速起步并稳定运营是关键。以下是一些简单的操作步骤，帮助新手在较短时间内迈出跨境电商运营的第一步，并逐步走向成功。

首先，选择合适的站点和平台，如越南、菲律宾等流量较大的站点，打开对应站点的虾皮买家端，从分类入口进入，梳理不同品类的同行数量和销量情况，筛选出竞争较小、销量较好的品类。安装虾多拉（Shopdora）扩展程序，获取更多产品隐藏信息，如上架时间、最大销量和平均销量等，评估品类的市场潜力。

其次，利用拼多多等平台的插件，对虾皮的产品图片搜索同款和相似产品，在阿里巴巴、拼多多甚至全网寻找低价货源。确保选择的货源支持 48 小时发货、库存稳定且能一件代发，将产品采集到妙手 ERP 中，为上架做好准备。

在产品上架阶段，注重关键词优化，直接使用厂家提供的优质图片作为主图和封面图，同时通过买家端梳理关键词，或利用卖家后台的虾皮手动竞价广告模式获取推荐关键词，丰富产品标题，提高搜索排名。

上架后，持续优化产品，包括检查图片质量、调整价格、增加产品视频、优化 SKU 表现形式、完善详情页等，提升产品吸引力和转化率。当产品积累一定订单后，合理增加广告预算，借助广告提升销量，但要注意控制广告成本，避免盲目投入。

最后，随着单量的增长，与厂家协商压低价格，适量囤货在货代处，降低物流成本，提高发货效率。同时，不断学习和总结经验，关注全球消费报告和海关数据，保持市场敏感度，根据市场变化及时调整运营策略。

第七节 测试题

一、单选题

1. 跨境电商运营的关键环节不包括（　　）。

　　A. 市场调研

　　B. 选品策略

　　C. 产品生产

　　D. 营销推广

2. 在市场调研中，以下哪个工具常用于分析市场趋势和竞争对手数据？（　　）

　　A. Excel

　　B. Google Trends

　　C. Photoshop

　　D. Premiere

3. 选品策略中，以下哪个因素不需要重点考虑？（　　）

　　A. 产品市场需求

　　B. 产品利润空间

　　C. 产品颜色偏好

　　D. 产品合规性

4. 定价策略中，以下哪种方法适用于市场有足够的购买者且需求缺乏弹性的情况？（　　）

  A. 成本加成定价法

  B. 高价策略

  C. 心理定价

  D. 需求导向定价

5. 营销推广中，以下哪个渠道不适合跨境电商？（　　）

  A. 搜索引擎优化（SEO）

  B. 社交媒体营销

  C. 电视广告

  D. 内容营销

6. 广告策略中，以下哪个平台是跨境电商常用的广告投放平台？（　　）

  A. Facebook

  B. 央视广告

  C. 地铁广告

  D. 报纸广告

7. 在跨境电商平台全景分析中，以下哪个平台适合拓展全球中低端市场？（　　）

  A. 亚马逊

  B. 速卖通

  C. eBay

  D. Wish

8. 以下哪种数据分析方法可以帮助卖家挖掘商品之间的关联性？（　　）

  A. 波士顿矩阵分析法

  B. ABC 分析法

  C. TGI 分析法

D. 购物篮分析法

9. 电商平台商家结算中，以下哪个平台的结算模式与其他平台有较大差异？（   ）

A. 天猫

B. 亚马逊

C. eBay

D. 速卖通

10. 跨境电商运营实战中，以下哪个步骤不是新手卖家快速起步的关键？（   ）

A. 选择合适的站点和平台

B. 直接大规模生产产品

C. 优化产品关键词

D. 合理增加广告预算

二、多选题

1. 跨境电商运营的关键环节包括（   ）。

A. 市场调研

B. 选品策略

C. 定价策略

D. 营销推广

2. 市场调研的主要内容包括（   ）。

A. 市场环境调查

B. 市场需求调查

C. 市场供给调查

D. 市场竞争情况调查

3. 选品策略的重要性体现在（　　）。

　　A. 满足市场需求

　　B. 提升品牌形象

　　C. 增强市场竞争力

　　D. 确立企业定位

4. 定价策略的类型包括（　　）。

　　A. 成本导向定价

　　B. 需求导向定价

　　C. 竞争导向定价

　　D. 心理定价

5. 营销推广的主要渠道包括（　　）。

　　A. 搜索引擎优化（SEO）

　　B. 搜索引擎营销（SEM）

　　C. 社交媒体营销

　　D. 内容营销

6. 广告策略中，Facebook 广告的本质在于（　　）。

　　A. 广撒网式投放

　　B. 精准聚焦细分市场

　　C. 砍掉非核心受众

　　D. 持续优化广告内容

7. 跨境电商平台全景分析中，（　　）平台更多地吸引了中小卖家。

　　A. 亚马逊

　　B. TikTok Shop

　　C. 阿里巴巴国际站

　　D. Temu

8. 对商品进行更深入分析的数据分析方法包括（　　）。

A. 波士顿矩阵分析法

B. ABC 分析法

C. TGI 分析法

D. 购物篮分析法

9. 跨境电商平台商家结算中，结算费用一般包括（　　）。

A. 保证金

B. 软件年服务费

C. 佣金

D. 营销费用

10. 跨境电商运营实战中，新手卖家快速起步的关键步骤包括（　　）。

A. 选择合适的站点和平台

B. 利用拼多多等平台寻找低价货源

C. 注重关键词优化

D. 持续优化产品

三、填空题

1. 市场环境调查具体包括对市场的购买力水平、经济结构、国家（地区）的方针政策和法律法规、风俗习惯、科学发展动态、气候等的调查，这些因素均会对_____产生影响。

2. 市场调研的主要内容包括市场环境调查、市场需求调查、市场供给调查和_____。

3. 选品策略的重要性体现在满足市场需求、提升品牌形象、增强市场竞争力和_____。

4. 定价策略的类型包括成本导向定价、需求导向定价、竞争导向定价和_____。

5. 营销推广的主要渠道包括搜索引擎优化（SEO）、搜索引擎营销（SEM）、社交媒体营销和_____。

6. 广告策略中，Facebook 广告的本质在于精准聚焦细分市场、砍掉非核心受众和_____。

7. 跨境电商平台全景分析中，客户导流的三大核心平台：亚马逊、TikTok Shop、_____。

8. 常见的跨境电商经营模式有经销模式、代销模式、直销模式和_____。

9. 代销模式适用于零售商缺少_____、经营资金较少、商品不易销售的情况。

10. 跨境电商运营实战中，新手卖家快速起步的关键步骤包括选择合适的站点和平台、利用拼多多等平台寻找低价货源、注重关键词优化和_____。

第三章

跨境电商不同类型商品的销售

不同类型的商品在跨境电商销售中有着独特的流程和要点。本章将针对3C电子产品（计算机类、通信类和消费类电子产品）、服装、美妆个护、家居用品、母婴用品等主要品类，详细阐述其销售全过程。从市场调研与选品，到供应链管理、营销推广，再到物流与配送以及售后服务，为读者提供精细化的运营指导。

第一节
3C 电子产品类

一、市场调研与选品

（一）市场趋势分析

通过行业报告、数据分析平台（如 Google Trends）以及电商平台销售数据，了解 3C 电子产品的热门品类（如智能手机、平板电脑、智能手表等）及其增长趋势。关注新兴技术产品（如虚拟现实设备、智能音箱）的市场潜力。

（二）竞争态势评估

分析竞争对手的产品特点、价格策略、市场份额和客户评价，找出差异化竞争点。例如，若发现竞争对手在智能手表领域注重运动功能，而对健康监测功能强调不足，可考虑选品时侧重健康监测功能的产品。

（三）消费需求洞察

利用社交媒体监听、在线调查问卷等方式，了解消费者对 3C 电子产品功能、外观、品牌、价格等方面的偏好和需求痛点。比如，消费者对手机的高像素摄像头、长续航电池需求强烈。

二、供应链管理

（一）供应商筛选与合作

寻找具备生产资质、质量保证体系和良好信誉的供应商。通过参加电子行业展会、B2B 平台搜索等方式，与多家供应商建立联系，评估其生产能力、研发实力和交货期。签订合作合同，明确质量标准、交货方式、售后服务等条款。

（二）库存管理

根据销售预测和补货周期，制订合理的库存计划。采用先进先出（FIFO）原则，防止库存积压和产品过时。利用库存管理软件实时监控库存水平，设置安全库存预警值，当库存低于预警值时自动触发补货流程。

（三）质量控制

在产品生产过程中，安排专人进行抽检，确保产品质量符合标准。对于关键部件（如芯片、电池）进行严格检测，必要时邀请第三方检测机构进行质量认证。建立质量追溯体系，一旦产品出现质量问题，能够迅速定位生产环节和责任方。

三、营销推广策略

（一）产品页面优化

撰写详细、准确且富有吸引力的产品描述，突出产品的技术参数、功能特点、应用场景等。使用高质量的产品图片和视频，从多个角度展示产品细节，如展示手机的外观设计、屏幕显示效果、摄像头拍摄样张等。添加用户评价和问答板块，增强潜在客户的购买信心。

（二）社交媒体营销

选择与 3C 电子产品受众匹配的社交媒体平台〔如 Facebook、Twitter（推特）、

YouTube（油管）］。发布产品评测视频、使用教程、科技资讯等内容，吸引目标客户关注。开展社交媒体广告投放，针对特定受众群体（如科技爱好者、年轻上班族）进行精准推广，提高品牌知名度和产品曝光度。

（三）搜索引擎优化（SEO）

通过关键词研究工具，挖掘与3C电子产品相关的热门搜索关键词（如"高性能笔记本电脑""智能手表推荐"），将其合理分布在产品页面标题、描述、内容中。优化网站结构，提高页面加载速度、移动端适配性等，提升在搜索引擎结果页面（SERP）的排名，增加自然流量。

（四）电子邮件营销

收集潜在客户和老客户的电子邮件地址，建立邮件列表。定期发送新品信息、促销活动、使用技巧等邮件，保持与客户的互动和联系，促进重复购买和提升客户忠诚度。

四、物流与配送

（一）物流方式的选择

根据产品特点（如体积、重量、价值）和客户对时效性的要求，选择合适的物流方式。对于高价值、轻、小的3C电子产品（如耳机、充电器），可优先选择国际快递［如敦豪（DHL）、联邦快递（FedEx）］以确保快速、安全送达；对于较大、较重的产品（如台式电脑），可考虑海外仓或专线物流以降低成本。

（二）包装与防护

采用专业的包装材料（如防静电泡沫、气泡膜、纸箱）对产品进行妥善包装，防止产品在运输过程中受损。对于易碎部件（如屏幕）进行额外加固包装，并在外包装上标注易碎品标识和正确的摆放方向。

（三）物流跟踪与客户服务

提供物流跟踪号码，方便客户实时查询包裹状态。设立专门的物流客服团队，及时处理客户关于物流的咨询和投诉，解决运输过程中可能出现的延误、丢失等问题，确保客户购物体验良好。

五、售后服务

（一）制定退换货政策

制定清晰、合理的退换货政策，明确退换货条件、流程和时间限制。对于因产品质量问题导致的退换货，及时处理，为客户提供便捷的退换货渠道，提高客户满意度。

（二）提供技术支持与维修服务

建立专业的技术支持团队，通过在线客服、电话热线等方式为客户提供产品使用指导、故障排查等服务。对于可维修的产品（如手机、电脑），提供维修服务，可与当地维修中心合作或自行设立维修站点，确保产品能够及时修复并恢复正常功能。

（三）收集与处理客户反馈

积极收集客户对产品的使用反馈和建议，通过问卷调查、客户评价分析等方式了解客户需求和不满之处。根据客户反馈及时调整产品策略、改进服务质量、不断优化客户体验，提升品牌口碑。

第二节
服装类

一、市场调研与选品

（一）时尚趋势追踪

关注国际时装周、时尚杂志、社交媒体上的时尚达人穿搭等，了解当季流行的颜色、款式、面料和风格（如复古风、街头风、休闲风）。分析不同地区和文化背景下消费者的时尚偏好差异，例如欧洲市场对简约设计的偏好、美国市场对舒适休闲风格的喜爱、亚洲市场对甜美和时尚混搭风格的追求。

（二）尺码与版型研究

不同国家和地区的服装尺码标准存在差异，深入研究目标市场的尺码规格，确保所售服装尺码符合当地消费者需求。同时，考虑服装的版型设计，如欧洲消费者通常偏好修身版型，美国消费者更倾向于宽松版型，亚洲市场则对修身和微胖适配版型都有一定需求。

（三）材质与工艺考量

分析消费者对服装材质的偏好，如天然纤维（棉、麻、羊毛）的受欢迎程度较高，同时也要关注新型功能性面料（如防水透气面料、速干面料）在特定服装品类（如户外运动服装）中的应用。评估服装的制作工艺，包括缝制质量、印花质量、染色工艺等，确保产品品质优良，符合市场预期。

二、供应链管理

（一）供应商合作与评估

寻找具备服装生产资质和丰富经验的供应商，考察其生产设备、技术水平、质量管理能力以及环保标准执行情况。签订详细的合作合同，明确产品质量要求、交货时间、最小起订量等条款。定期对供应商进行评估和审核，确保其能持续稳定地提供符合要求的产品。

（二）样品制作与确认

在批量生产前，要求供应商制作样品，对样品的颜色、尺码、版型、材质、工艺等进行全面检查和确认，确保样品与设计要求和市场需求相匹配。必要时对样品进行修改和调整，直到达到理想状态后再进行批量生产。

（三）库存管理策略

由于服装具有季节性和潮流性特点，库存管理尤为重要。采用季节性库存策略，根据销售预测和流行趋势提前备货，同时合理控制库存水平，避免积压库存。采取对于畅销款式适当增加库存，对于滞销款式及时采取促销活动或与供应商协商退货换款等措施。

三、营销推广策略

（一）视觉营销打造

在产品页面展示高质量、多角度的服装图片，包括模特试穿图、细节图（如领口、袖口、拉链等）、面料质感图等，让客户能够直观感受服装的款式和质量。视频展示也是重要手段，可制作服装走秀视频、穿搭视频、洗涤保养视频等，增强客户对产品的了解和兴趣。

（二）风格定位与目标受众营销

根据服装的风格特点确定目标受众群体，如针对年轻时尚群体的潮流服装，可在社交媒体平台（如 Instagram、TikTok）上进行精准广告投放，展示时尚达人穿搭示范、新品推荐等内容，吸引目标客户的关注和互动；对于商务正装类服装，可通过专业职场社交平台［如领英（LinkedIn）］进行推广，强调服装的专业性和品质感，满足商务人士的需求。

（三）搭配推荐与个性化服务

提供服装搭配建议，为客户提供整套穿搭方案，如推荐与服装相配的配饰（围巾、手表、包包）、鞋等。开展个性化定制服务（如刺绣姓名、定制尺码），满足客户个性化需求，提升产品附加值和客户满意度。

四、物流与配送

（一）物流方式适配

根据服装的体积、重量和价值，选择合适的物流方式。对于轻薄、小巧的服装（如 T 恤、衬衫），可选择邮政小包或专线物流以降低成本；对于较大、较重的服装（如大衣、外套），可综合考虑运输时间和成本，选择国际快递或海外仓。

（二）包装与防护细节

使用合适的包装材料（如塑料袋、纸盒）对服装进行包装，确保服装在运输过程中不受损坏。对于易皱的面料，可采用防皱包装技术或提醒客户使用正确的折叠方法。在外包装上标注服装的尺码、颜色、洗涤说明等信息，方便客户识别和使用。

（三）物流配送时效性

服装的季节性和潮流性要求物流配送具有较高的时效性。与物流供应商密切合作，确保其在承诺的时间内将服装送达客户手中。对于销售旺季可能出现的物流延迟情况，提前制订应对预案，如增加物流合作伙伴、优化物流路线等，尽量减少对客户体验的影响。

五、售后服务

（一）退换货政策优化

服装的尺码、款式等问题可能导致客户不满意，制定灵活、便捷的退换货政策至关重要。明确退换货的条件和流程，如客户觉得尺码不合适可在一定时间内免费更换合适尺码，服装有质量问题客户可无条件退货等，提高客户购买的信心和满意度。

（二）洗涤与保养指导

提供详细的服装洗涤和保养说明，帮助客户正确维护服装品质、延长服装使用寿命。可通过产品页面展示、随货附送洗涤说明卡片、在线客服解答等方式，为客户提供全方位的保养指导服务。

（三）客户反馈与改进

积极收集客户对服装的尺码、版型、材质、款式等方面的反馈意见，及时与供应商沟通，对产品进行优化和改进。例如，若客户普遍反映某款服装尺码偏小，可与供应商协商调整尺码版型，在后续生产中加以改进，满足客户需求。

第三节
美妆个护类

一、市场调研与选品

（一）成分与功效分析

深入研究不同地区消费者对美妆个护产品成分和功效的偏好。例如，欧美市场消费者对高功效、快速见效的产品（如含有高浓度维生素 C 的美白精华）需求较大，亚洲市场消费者则更注重温和、天然、具有护肤功效的产品（如含有玻尿酸的保湿产品、含有天然植物提取物的面膜）。同时，关注特殊功效产品（如抗皱、祛斑、防晒）在不同地区的市场需求和法规要求。

（二）品牌与竞争态势研究

分析美妆个护市场的知名品牌及其市场份额、产品定位和价格策略。了解新兴品牌的崛起趋势和竞争优势，如一些小众品牌凭借独特的成分、创新的包装或个性化的服务在市场中脱颖而出。评估竞争产品的优缺点，找出自身的差异化卖点和市场切入点。

（三）消费者使用习惯与需求

通过市场调研了解消费者对美妆个护产品的使用频率、使用场景和需求痛点。例如，年轻消费者可能更关注彩妆产品的时尚度和持久度，而成熟消费者则更注重护肤产品的抗衰老和修复功效。此外，随着消费者环保意识和健康意识的提高，对天然、有机、无添加产品的需求逐渐增加，需在选品时予以考虑。

二、供应链管理

（一）供应商资质审核

美妆个护产品直接接触人体，对供应商的资质审核尤为重要。确保供应商具备合法的生产资质、质量管理体系认证（如国际标准化认证）以及良好的生产环境和卫生条件。审查供应商的原料采购渠道，确保原料来源合法、安全、可靠。

（二）质量监控与合规性

建立严格的质量监控体系，对产品的生产过程进行全程监控，确保产品质量符合国际标准和目标市场的法规要求。特别关注产品的安全性指标，如微生物限度、重金属含量等。协助供应商完成产品在目标市场的注册、备案等合规手续，确保产品能够顺利进入市场销售。

（三）包装与标签规范

美妆个护产品的包装和标签需符合目标市场的法规和消费者习惯。确保产品标签内容准确、完整，包括产品名称、成分表、使用方法、保质期、生产厂家信息等。包装设计要美观、实用，同时符合环保要求，避免过度包装。

三、营销推广策略

（一）产品试用与口碑营销

开展产品试用活动，向潜在客户提供免费或优惠的试用装，鼓励客户在使用后分享试用体验和评价，通过社交媒体、产品评论平台等渠道传播产品口碑。良好的口碑能够有效提升产品的可信度和吸引力，促进产品的销售转化。

（二）与美妆博主、KOL（关键意见领袖）合作

与美妆领域的知名博主、KOL 建立合作关系，邀请他们对产品进行评测、推荐和使用示范。KOL 的影响力和粉丝基础能够快速扩大产品的曝光度和知名度，吸引其粉丝群体关注和购买产品。合作形式可以包括产品植入、专属优惠码推广、联合举办线上活动等。

（三）精准广告投放与内容营销

利用大数据分析工具，对目标客户群体进行精准画像，根据其年龄、性别、兴趣爱好、消费习惯等特征进行广告投放。在社交媒体平台、美妆垂直网站等渠道投放广告，展示产品的独特卖点和使用效果。同时，创作优质的内容，如美妆教程视频、护肤心得文章、产品成分解析等，以内容吸引客户，提高客户对产品的认知和兴趣。

四、物流与配送

（一）物流方式与包装保护

美妆个护产品具有一定的易碎性和液体泄漏风险，因此在选择物流方式时，需综合考虑产品的特性和客户对时效性的要求。对于易碎的玻璃包装产品（如香水瓶），可选择国际快递并采用专业的防震包装；对于液体类产品（如乳液、精华），须确保包装密封良好，并在外包装上标注"易碎品""液体物品"等标识，提醒物流人员小心搬运。

（二）物流温度与环境控制

部分美妆个护产品（如含有活性成分的护肤品）对储存温度和环境有一定要求，需在运输过程中采取相应的温控措施，如使用保温包装、冷链运输等，确保产品品质不受影响。与具备相应运输条件的物流供应商合作，保证产品在运输过程中的环境符合要求。

（三）物流配送速度与客户体验

美妆个护产品消费者对物流配送速度有一定期望，尤其是在促销活动期间。与物流供应商紧密合作，优化物流配送流程，提高配送速度，确保客户能够尽快收到产品。同时，提供物流信息实时查询服务，让客户随时了解包裹动态，提升客户购物体验。

五、售后服务

（一）过敏与质量问题处理

由于美妆个护产品直接接触人体，可能会引发部分客户的过敏反应或产生其他质量问题。建立完善的过敏与质量问题处理机制，及时响应客户的投诉和反馈，为客户提供解决方案，如退换货、退款、提供过敏修复建议等，保障客户的权益和安全。

（二）产品咨询与使用指导

设立专业的客服团队，为客户提供产品咨询和使用指导服务。解答客户关于产品成分、功效、使用方法、适用肤质等方面的疑问，帮助客户正确使用产品，发挥产品的最佳效果。可通过在线客服、电话热线、电子邮件等多种方式与客户进行沟通交流。

（三）客户忠诚度计划

推出客户忠诚度计划，如会员积分制度、重复购买优惠、生日福利等，鼓励客户持续购买和使用产品，提高客户忠诚度和复购率。定期向老客户推送新品信息、专属优惠活动等内容，保持与客户的互动和联系，增强客户对品牌的黏性和认同感。

第四节
家居用品类

一、市场调研与选品

（一）家居风格与需求分析

不同地区和文化背景下的消费者对家居风格（如北欧简约风、美式乡村风、中式古典风等）有不同的偏好。通过市场调研了解目标市场的主流家居风格和消费者对家居用品的功能需求，例如在小户型住宅普遍的地区，对多功能、可折叠、节省空间的家居用品需求较大。

（二）材质与耐用性考量

家居用品的材质多样，包括木材、金属、塑料、布艺等。分析消费者对不同材质家居用品的接受度和偏好，如实木家具的质感和环保性受到很多消费者的青睐，金属家具则因其坚固耐用、现代感强也有一定的市场份额。同时，考虑产品的耐用性和使用寿命，确保所售家居用品能够满足消费者长期使用的期望。

（三）尺寸与适配性研究

家居用品的尺寸需要与不同的居住空间和家具布局相适配。研究目标市场常见的住宅户型、房间尺寸以及家具摆放习惯，确保所售家居用品的尺寸能够满足大多数消费者的需求。例如，床品的尺寸需与不同规格的床垫相匹配，窗帘的尺寸要适应不同窗户的长度和宽度等。

二、供应链管理

（一）供应商筛选与评估

寻找具备家居用品生产能力和质量保证的供应商，考察其生产工艺、生产设备、原材料采购渠道等方面的情况。评估供应商的环保标准执行情况，确保产品符合目标市场的环保要求。签订详细的采购合同，明确产品质量标准、交货时间、包装要求等条款，保障双方的权益和责任。

（二）样品制作与质量控制

要求供应商制作样品，对样品的外观、尺寸、材质、工艺等进行全面检查和评估，确保样品符合市场需求和质量要求。在批量生产过程中，定期对产品进行抽检，防止出现质量波动和瑕疵品。建立质量追溯体系，一旦产品出现质量问题，能够迅速定位问题源头并采取相应措施进行整改。

（三）库存管理与补货计划

根据家居用品的销售周期和市场需求的季节性变化，制订合理的库存管理策略。对于畅销的家居用品，保持适当的库存水平，避免缺货影响销售；对于季节性需求明显的产品（如夏季的凉席、冬季的保暖床上用品），提前制订补货计划，确保产品在销售旺季能够满足市场需求。

三、营销推广策略

（一）场景化产品展示

在产品页面通过精美的图片和视频展示家居用品在实际家居环境中的使用场景，如将床品摆放在装饰精美的床上、将餐具摆放在布置优雅的餐桌上等，让客户能够直观感受到产品与家居环境的融合效果，增强客户的购买欲望。同时，提供产品的细节图，展示产品的材质纹理、工艺细节等，突出产品的品质和特色。

（二）家居搭配方案推荐

为客户提供家居搭配方案推荐服务，根据不同的家居风格和房间功能，为客户推荐合适的家居用品组合，如客厅的整体装饰方案（沙发、茶几、地毯、窗帘等搭配）、卧室的舒适睡眠方案（床、床垫、床上用品、灯具等搭配）。这种一站式的服务能够满足客户对家居装修和布置的需求，提升客户的购物体验和满意度。

（三）线上线下融合推广

除了在线上平台进行广告投放、社交媒体推广等常规营销手段外，还可以考虑与线下家居展厅、家具店等合作，开展线上线下融合的推广活动。例如，在线下家居展厅设置产品体验区，展示和销售部分家居用品，并引导客户通过线上平台购买更多产品；同时，在线上平台推出线下门店专属优惠活动，吸引客户到线下门店体验和购买，实现线上线下的流量互引和销售增长。

四、物流与配送

（一）物流方式与包装策略

根据家居用品的体积、重量、形状和价值选择合适的物流方式。对于大型家居用品（如沙发、衣柜），可选择专业的家具物流运输服务，确保产品能够安全、完整地送达客户手中；对于小型家居用品（如餐具、装饰品），可采用邮政包裹或专线物流等方式。在包装方面，采用坚固的包装材料（如木架、泡沫板、纸箱）对产品进行妥善包装，防止在运输过程中受损，并在外包装上标注产品名称、尺寸、重量、易碎品标识等信息，方便物流操作和客户识别。

（二）物流配送服务与安装

部分家居用品（如组装式家具）需要为客户提供安装服务。与专业的安装团队合作，为客户提供上门安装服务，确保产品能够正确、安全地安装使用。同时，在产品页面明确告知客户安装服务的内容、费用和预约方式，让客户在购买前就对相关服务有清晰的了解。对于不需要安装的产品，提供详细的使用说明和安装工具（如有必要），方便客户自行组装和使用。

（三）物流配送时效与客户沟通

如果家居用品的体积和重量较大，物流配送时间相对较长。应及时与客户沟通物流配送进度，通过物流信息实时推送、客服主动告知等方式，让客户了解产品的运输状态和预计送达时间。若出现物流延迟等情况，及时向客户解释原因并提供解决方案，争取客户的理解和配合，维护良好的客户关系。

五、售后服务

（一）退换货政策与质量保障

制定合理的退换货政策，明确因产品质量问题导致的退换货处理流程和时间限制。对于因客户自身原因（如尺寸选错、颜色不喜欢等）导致的退换货，可在一定条件下收取适当手续费后为其办理，提高客户的购买信心和满意度。同时，建立质量保障体系，对产品的质量负责，及时处理客户在使用过程中遇到的质量问题，如维修、更换零部件或提供补偿等。

（二）客户反馈与产品改进

积极收集客户对家居用品的使用反馈和建议，了解客户对产品的满意度和不满之处。根据客户反馈及时与供应商沟通，对产品进行改进和优化，如改进产品的设计缺陷、提高产品的舒适度和适用性等，不断提升产品质量和客户体验，增强产品在市场中的竞争力。

（三）增值服务与客户关系维护

提供一些增值服务，如家居用品的清洁保养建议、旧产品回收服务等，增加客户对品牌的认同感和忠诚度。定期回访客户，了解其对产品的使用感受和新需求，为客户提供个性化的推荐和服务，保持与客户的长期良好关系，促进客户的重复购买和口碑传播。

第五节
母婴用品类

一、市场调研与选品

（一）母婴用品品类与需求分析

母婴用品涵盖范围广泛，包括婴儿奶粉、纸尿裤、婴儿服装、玩具、孕妇护理用品等。通过市场调研了解不同阶段（孕期、新生儿期、幼儿期）母婴用品的核心需求和消费特点。例如，新生儿期对奶粉、纸尿裤、婴儿湿巾等基础护理产品的需求量大，幼儿期则对玩具、教育用品、外出装备等的需求增加。同时，关注特殊需求母婴用品（如防吐奶服装、特殊配方奶粉）的市场潜力。

（二）品牌信任度与安全性考量

母婴用品直接关系到母婴的健康和安全，消费者对品牌的信任度和产品的安全性要求极高。研究市场上知名母婴品牌的品牌形象、产品质量和口碑，了解消费者对品牌的认知和忠诚度。选择具有良好品牌声誉、严格质量把控和安全认证的母婴用品进行销售，确保产品能够满足消费者对安全性和可靠性的期望。

（三）环保与有机产品趋势

随着消费者环保意识和健康意识的提升，对环保、有机母婴用品的需求逐渐增加。调研目标市场对环保、有机母婴用品的接受度和购买意愿，如有机棉制成的婴儿服装、无添加化学成分的孕妇护肤品等。分析环保、有机产品在市场中的竞争态势和发展趋势，为选品提供参考依据。

二、供应链管理

（一）供应商资质与质量审核

严格筛选具备合法生产资质、良好信誉和丰富经验的母婴用品供应商。对供应商的生产环境、质量管理体系、原材料采购渠道等进行全面审核，确保供应商能够持续稳定地提供符合质量和安全标准的产品。签订严格的采购合同，明确产品质量要求、检测标准、责任追究等条款，保障双方的权益及明确责任。

（二）产品检测与认证

建立严格的产品检测机制，对母婴用品进行多方面的检测，包括安全性检测（如重金属含量、甲醛含量）、功能性检测（如纸尿裤的吸水性、透气性）、微生物检测等。确保产品符合国际标准和目标市场的法规要求，如欧盟安全认证、美国食品药物管理局认证等。协助供应商完成产品认证手续，保证产品能够顺利进入市场销售。

（三）库存管理与需求预测

根据母婴用品的消费周期和新生儿出生率等数据，进行科学的库存管理和需求预测。对于需求稳定的基础护理产品（如奶粉、纸尿裤），保持适当的库存水平，确保供应的连续性；对于季节性需求明显的产品（如婴儿泳装、保暖衣物），提前制订库存计划，避免库存积压或缺货现象发生。

三、营销推广策略

（一）情感营销与品牌形象

母婴用品消费中含有较强的情感因素，情感营销策略可为品牌塑造温馨、关爱、专业的形象。在广告宣传和品牌故事中突出对母婴健康的关注、对亲子时光的珍视等情感元素,引发消费者的情感共鸣,增强品牌的情感吸引力和消费者的忠诚度。

(二)育儿社区和与专家合作

建立或参与育儿社区、论坛等平台,与育儿专家、儿科医生等合作,开展线上讲座、问答互动等活动,为家长提供专业的育儿知识和产品使用建议。通过专家的权威性和专业性提升产品的可信度和认可度,同时增强与客户的互动和客户黏性。

(三)精准广告投放与会员制度

利用大数据分析工具,对目标客户群体进行精准画像,根据其孕期阶段、宝宝年龄、消费习惯等特征进行广告投放。在母婴垂直平台、社交媒体平台等渠道投放广告,展示符合客户当前需求的产品和优惠活动。推出会员制度,为会员提供专属优惠、积分兑换、生日福利、育儿资料下载等特权,鼓励客户持续购买和使用产品,提高客户忠诚度和复购率。

四、物流与配送

(一)物流方式与包装安全

选择适合母婴用品的物流方式,确保产品能够安全、及时地送达客户手中。对于易碎、易漏的母婴用品(如玻璃奶瓶、液体洗涤剂),采用专业的包装材料(如防震泡沫、密封袋)进行妥善包装,并在外包装上标注"易碎品""液体物品""小心轻放"等标识,提醒物流人员注意搬运和运输安全。

(二)物流速度与客户服务

母婴用品消费者对物流速度有一定要求,尤其是在急需产品的情况(如新生儿需要特定奶粉喂养)下。与物流供应商紧密合作,优化物流配送流程,提高配送速度,确保客户能够尽快收到产品。设立专门的物流客服团队,及时处理客户关于物流的咨询和投诉，解决物流过程中可能出现的问题，保障客户购物体验良好。

（三）物流配送范围与海外仓布局

考虑目标市场的地理范围和物流配送难度，合理布局海外仓。在母婴用品需求量大、物流配送成本较高的地区设立海外仓，提前备货，缩短物流配送时间，提高物流效率。同时，确保物流配送覆盖范围广泛，能够满足不同地区客户的购买需求，扩大市场覆盖面。

五、售后服务

（一）退换货政策与质量问题处理

制定灵活、便捷的退换货政策，充分考虑母婴用品使用的特殊性。例如，对于未开封、未使用的奶粉、纸尿裤等产品，可在一定时间内接受退换货；对于因产品质量问题导致的退换货，及时为客户提供解决方案，如更换合格产品、退款等，保障客户的权益和宝宝的健康安全。

（二）产品使用咨询与育儿支持

设立专业的客服团队，为客户提供母婴用品的使用咨询和育儿支持服务。解答客户关于产品使用方法、适用年龄、注意事项等方面的疑问，同时提供一些基本的育儿知识和护理建议，帮助客户更好地照顾母婴。通过电话热线、在线客服、电子邮件等多种方式与客户进行沟通交流，建立良好的客户关系。

（三）客户反馈收集与产品优化

积极收集客户对母婴用品的使用反馈和建议，了解客户对产品的满意度和改进需求。根据客户反馈及时与供应商沟通，对产品进行优化和升级，如改进产品的设计缺陷、提高产品的舒适度和适用性等，不断提升产品质量和客户体验，增强产品在市场中的竞争力。

第六节
测试题

一、单选题

1. 3C 电子产品选品时，应优先关注的市场趋势分析工具是（ ）。

    A. 社交媒体监听

    B. 谷歌趋势（Google Trends）

    C. 线下展会调研

    D. 电话访谈

2. 服装类产品在跨境电商中面临的主要挑战是（ ）。

    A. 物流成本低

    B. 文化差异与尺码适配

    C. 无须售后服务

    D. 政策风险小

3. 美妆个护类产品推广时，最有效的合作对象是（ ）。

    A. 物流公司

    B. KOL（关键意见领袖）

    C. 原材料供应商

    D. 海关代理

4. 家居用品类产品的物流包装需特别注意（　　）。

　　A. 防震加固

　　B. 低成本材料

　　C. 单一颜色设计

　　D. 无须标注信息

5. 母婴用品类产品在选品时应重点考虑（　　）。

　　A. 高价格定位

　　B. 环保与有机认证

　　C. 限量生产

　　D. 复杂包装

6. 3C 电子产品的售后服务中，关键环节是（　　）。

　　A. 广告投放

　　B. 技术支持与维修

　　C. 低价促销

　　D. 快速发货

7. 服装类产品进行本地化运营时，需调整的策略是（　　）。

　　A. 统一全球尺码

　　B. 忽略文化差异

　　C. 针对市场设计版型

　　D. 减少库存管理

8. 美妆个护类产品需遵守的法规重点是（　　）。

　　A. 广告创意

　　B. 成分安全与质检认证

　　C. 物流速度

　　D. 社交媒体粉丝数

9. 家居用品类产品展示时，提升购买欲的方法是（　　）。

　　A. 纯文字描述

　　B. 场景化图片与视频

　　C. 隐藏产品细节

　　D. 减少客户互动

10. 母婴用品类产品的物流配送需优先保证（　　）。

　　A. 低价运输

　　B. 时效性与安全性

　　C. 无须跟踪信息

　　D. 大包装设计

二、多选题

1. 3C 电子产品类市场调研中，重点分析的内容包括（　　）。

　　A. 市场趋势

　　B. 竞争态势

　　C. 消费者偏好

　　D. 技术参数

2. 服装类选品中，重点考虑的因素包括（　　）。

　　A. 时尚趋势

　　B. 尺码与版型

　　C. 材质与工艺

　　D. 消费者评价

3. 美妆个护类市场调研中，重点分析的内容包括（　　）。

　　A. 成分与功效

　　B. 品牌与竞争态势

C. 消费者使用习惯

D. 安全性与合规性

4. 家居用品类选品中,重点考虑的因素包括(　　)。

 A. 家居风格

 B. 材质与耐用性

 C. 尺寸与适配性

 D. 消费者评价

5. 母婴用品类市场调研中,重点分析的内容包括(　　)。

 A. 产品品类与需求

 B. 品牌信任度

 C. 环保与有机产品趋势

 D. 安全性与合规性

6. 3C 电子产品类供应链管理中,关键环节包括(　　)。

 A. 供应商筛选与合作

 B. 库存管理

 C. 质量控制

 D. 物流配送

7. 服装类营销推广中,重点策略包括(　　)。

 A. 视觉营销

 B. 风格定位与目标受众营销

 C. 搭配推荐与个性化服务

 D. 价格竞争

8. 美妆个护类物流与配送中,重点考虑的因素包括(　　)。

 A. 物流方式与包装保护

B. 物流温度与环境控制

C. 物流配送速度与客户体验

D. 成本控制

9. 家居用品类售后服务中，重点方面包括（　　）。

　　A. 退换货政策与质量保障

　　B. 产品咨询与使用指导

　　C. 客户忠诚度计划

　　D. 售后维修与安装服务

10. 母婴用品类物流与配送中，重点考虑的因素包括（　　）。

　　A. 物流方式与包装安全

　　B. 物流速度与客户服务

　　C. 物流配送范围与海外仓布局

　　D. 成本控制

三、填空题

1. 3C 电子产品类市场调研中，重点分析的内容包括市场趋势、竞争态势、消费者偏好和_____。

2. 服装类选品中，重点考虑的因素包括时尚趋势、尺码与版型、材质与工艺和_____。

3. 美妆个护类市场调研中，重点分析的内容包括成分与功效、品牌与竞争态势、消费者使用习惯和_____。

4. 家居用品类选品中，重点考虑的因素包括家居风格、材质与耐用性、尺寸与适配性和_____。

5. 母婴用品类市场调研中，重点分析的内容包括产品品类与需求、品牌信任度、环保与有机产品趋势和_____。

6. 3C 电子产品类供应链管理中，关键环节包括供应商筛选与合作、库存管理、质量控制和_____。

7. 服装类营销推广中，重点策略包括视觉营销、风格定位与目标受众营销、搭配推荐与个性化服务和_____。

8. 美妆个护类物流与配送中，重点考虑的因素包括物流方式与包装保护、物流温度与环境控制、物流配送速度与客户体验和_____。

9. 家居用品类售后服务中，重点方面包括退换货政策与质量保障、产品咨询与使用指导、客户忠诚度计划和_____。

10. 母婴用品类物流与配送中，重点考虑的因素包括物流方式与包装安全、物流速度与客户服务、物流配送范围与海外仓布局和_____。

第四章

跨境电商物流与供应链管理

物流与供应链管理是跨境电商的基石，直接关系到运营效率和客户体验。本章深入探讨跨境电商物流渠道的选择、仓储管理以及清关与报关，并结合实际案例，为读者展示如何构建高效、灵活的物流与供应链体系，以应对复杂的全球市场。

第一节
国际物流渠道

一、跨境电商物流渠道的选择

跨境电商物流渠道的选择是供应链管理中的关键环节，不同的物流方式在成本、时效和服务质量上存在显著差异。以下是几种常见的物流方式及其特点。

（一）海运

海运适用于大宗商品和重量较大的货物。海运成本较低，但运输周期较长，商品通常单品价值较低、运输量较大。海运通常以货柜为单位进行运输，具有大运量和长途运输的优势。

（二）空运

空运适用于高价值商品或对时效要求较高的商品。空运成本较高，但时效性强，能够确保快速交货，减少客户等待时间。

（三）公路与铁路运输

公路与铁路运输适用于大宗商品和重量较大的货物，尤其适合邻近国家（地区）或大陆间的运输。铁路运输在"一带一路"倡议的推动下，成为中欧之间高效、相对低成本的物流选择。

（四）邮政服务

邮政服务是一种传统的跨境物流渠道，价格较低，适用于轻量级和低价值的商品。邮政服务通常覆盖全球。

（五）跨境电商物流平台

跨境电商物流平台如菜鸟、WishPost（Wish邮）等，提供一站式的物流解决方案，整合了不同的物流服务商，提供范围覆盖全球的服务。

（六）直邮和保税仓模式

直邮模式是将商品从境内直接邮寄到境外客户手中；保税仓模式则是将商品存储在目的国家或地区的保税仓库中，根据订单进行分销。这两种模式适用于小批量高价值商品。

二、物流服务商的选择与合作

选择合适的物流合作伙伴对于提高物流效率和降低成本至关重要。在跨境电商领域，物流合作伙伴的选择不仅影响商品的运输速度和成本，还直接关系到客户体验和企业的市场竞争力。以下是3种主要的物流合作模式及其优势。

（一）大型物流公司

大型物流公司如中外运敦豪（DHL）、联邦快递（FedEx）、优比速（UPS）等，凭借其广泛的全球网络和丰富的物流资源，能够为企业提供稳定且高效的服务。这些公司通常拥有成熟的运输体系和议价能力，能够提供更具竞争力的价格和更可靠的配送服务。通过与这些国际大型物流公司合作，跨境电商企业可以利用其全球覆盖能力，优化跨境运输路径，降低运输成本，同时确保商品能够快速、安全地送达客户手中。

（二）第三方物流公司

第三方物流（3PL）公司通过提供一站式物流解决方案，帮助企业简化供应链管理流程。这种服务模式涵盖了仓储、运输、分拣、配送等多个环节，使跨境电商企业能够将复杂的物流任务外包出去，从而集中精力专注于核心业务，如产品开发、市场营销和客户服务。通过外包部分或全部物流环节，企业不仅能够降低运营成本，还能借助第三方物流的专业能力提升整体物流效率、增强市场响应速度。

（三）本地物流服务商

在"最后一公里"配送阶段，与本地物流服务商合作是降低成本和提升时效性的有效策略。本地物流公司通常对本地市场和消费者需求有更深入的了解，能够提供更精准的配送服务，同时减少因国际运输延误或清关问题导致的客户不满。此外，本地物流服务商的本地化运营模式能够显著降低"最后一公里"的配送成本，优化客户体验，从而帮助企业在全球市场中具备更强的竞争优势。

总之，选择合适的物流合作伙伴需要综合考虑企业的业务需求、市场定位及合作伙伴的服务能力。通过灵活运用大型物流公司、第三方物流公司和本地物流服务商的各自优势，跨境电商企业可以构建高效、低成本的物流体系，为全球客户提供更优质的服务。

三、物流成本控制与优化

物流成本控制是跨境电商企业提升竞争力的关键。在全球化贸易日益复杂的背景下，物流作为连接供需两端的重要环节，直接决定了商品流通的效率与成本。合理的物流策略还能提升供应链的灵活性和稳定性，帮助企业在全球市场中快速适应需求变化，抢占先机。因此，物流成本控制不仅是企业降本增效的手段，更是塑造核心竞争力、实现可持续发展的战略支柱。

（一）优化仓储管理

海外仓模式通过在目标市场建立本地化仓库，能够有效减少跨境运输的距离和降低复杂度，从而显著降低物流成本，同时缩短商品配送时间，提升客户满意度。此外，仓储集成与共享策略通过整合资源、共享仓储空间和设施，可以显著提高仓储利用率，降低单个企业的固定成本投入，尤其在市场竞争激烈、仓储资源紧张的地区，这种模式能够为企业带来更大的成本优势和运营灵活性。

（二）运用智能化物流技术

采用自动化仓库和机器人技术可以大幅提升仓储分拣和管理效率，减少人工操作带来的错误和延误，从而优化整体物流流程。物流追踪与优化系统则通过实时监控运输路径和状态，帮助企业动态调整配送方案，降低运输成本并提高时效性。同时，大数据分析技术能够深入挖掘物流数据，预测需求波动，优化库存配置，从而实现资源的精准分配和高效利用，进一步增强企业在复杂市场环境中的竞争力。

（三）灵活的退货管理

简化退货流程是跨境电商企业降低运营成本的重要手段。通过采用预付退货费用模式，企业可以提前承担部分退货成本，避免因客户自行退货导致的高额费用和复杂操作，从而减少不必要的开支。此外，灵活的退货管理不仅能够提升客户体验，增强客户忠诚度，还能帮助企业快速处理退货商品，减少库存积压和资源浪费，最终实现供应链的高效运转和成本优化。

第二节
仓储管理

仓储管理是跨境电商供应链中的核心环节，其运作直接影响企业的运营效率、成本控制及客户体验。在复杂的全球化市场环境中，仓储管理不仅是管理商品存储的物理空间，更是供应链优化的关键节点。通过科学的仓储布局和资源分配，企业能够有效提升库存周转率、减少商品积压，从而释放更多资金用于核心业务发展。同时，高效的仓储管理能够优化配送流程，缩短订单处理时间，确保商品快速、准确地送达客户手中，从而显著提升客户满意度。

一、海外仓与保税仓的选择

（一）海外仓

海外仓是指在海外目的市场建立的仓库，用于存储商品，以便快速响应当地市场需求。海外仓适用于高价值、时效性强、需求稳定且订单量较大的商品。海外仓的优势如下：

1. 快速配送

能够实现本地化配送，大大缩短配送时间，提升客户体验。

2. 降低物流成本

通过集中运输和批量发货，降低单位运输成本。

3. 减少关税

在某些国家（地区），海外仓可以享受关税优惠政策。

（二）保税仓

保税仓是指在海关监管下的仓库，商品在保税仓内存储时，暂不缴纳关税和增值税，待商品实际销售后，再根据销售情况进行缴税。保税仓适用于市场需求波动较大、订单量不稳定且对税收政策敏感的商品。保税仓的优势如下：

1. 税收优惠

暂不缴纳关税和增值税，降低了资金占用成本。

2. 灵活调配库存

可以根据市场需求灵活调配库存，减少库存积压风险。

二、仓储布局与库存管理

（一）仓储布局

1. 分区布局

根据商品的种类、体积、重量、周转率等因素，将仓库划分为不同的区域，如存储区、分拣区、包装区、发货区等，以提高仓储效率。

2. 货架布局

合理设计货架的高度、宽度和间距，充分利用仓库空间，同时便于货物的存取和搬运。

3. 通道布局

确保仓库内有足够的通道，方便叉车、搬运车等设备的通行，减少货物搬运过程中的碰撞和损坏。

（二）库存管理

1. 库存分类

将商品按照 ABC 分类法进行分类，A 类商品为重点管理对象，B 类商品为一般管理对象，C 类商品为简单管理对象，根据不同的分类采取不同的库存管理策略。

2. 库存控制方法

（1）经济订货批量（EOQ）模型：通过计算最优订货批量，降低库存成本和采购成本。

（2）安全库存管理：根据市场需求的波动情况，设置合理的安全库存，以应对突发情况。

（3）先进先出（FIFO）原则：确保先入库的商品先出库，避免商品过期或积压。

（4）库存盘点：定期进行库存盘点，核对库存数量和账面数据，及时发现并处理库存差异，确保库存数据的准确性。

三、仓储自动化与信息化

（一）仓储自动化

1. 自动化设备

引入自动化货架、自动分拣系统、机器人搬运等，提高仓储作业的效率和准确性，减少人工操作误差。

2. 自动化流程

实现货物的自动入库、存储、分拣、出库等流程，提高仓储作业的自动化程度，降低人力成本。

（二）仓储信息化

1. 仓库管理系统

通过仓库管理系统（WMS），实现对仓库内货物的实时监控和管理，包括库存查询、出入库管理、库存盘点、库存预警等功能，提高仓储管理的信息化水平。

2. 数据采集与分析

利用条形码、二维码、射频识别（RFID）等技术，实现对货物信息的快速采集和传输；通过数据分析，优化仓储布局和库存管理策略。

3. 供应链协同

通过信息化系统，实现与供应商、物流商、电商平台等上下游企业的信息共享和协同作业，提高供应链的整体效率。

第三节 清关与报关

一、跨境电商的清关流程

（一）消费者下单与信息申报

跨境电商进口清关流程始于消费者在跨境电商平台上下单购买商品。消费者浏览平台上的商品目录，选择心仪的商品并提交订单。平台收集详细的订单信息，包括商品的名称、规格、数量、价格，以及购买者的姓名、地址、联系方式等。这些信息用于后续的物流配送，也是报关和缴税的重要依据。

平台进行一系列的验证和处理工作，如验证消费者的支付信息是否有效，确保交易的安全性；检查商品信息是否符合目标国家（地区）的进口规定，避免因信息不符而导致的清关延误。完成这些步骤后，平台通过跨境电商系统向海关推送订单、支付和物流信息。这些信息用于后续的报关、缴税和检验检疫等环节，是整个清关流程的基础。

（二）报关流程

报关是进口清关的核心环节，直接关系到商品能否顺利进入目标市场。企业首先需要准备一系列的报关文件，这些文件是海关审核商品合法性和合规性的依据。商品发票详细列出了商品的名称、规格、数量、价格等信息，是确定商品价值和计算税款的基础。合同明确了买卖双方的权利和义务。装箱单提供了商品的包装细节。提单是商品运输的凭证。

在准备好这些文件后，企业可以选择不同的报关方式。自助报关要求企业具备专业的报关知识和经验，能够独立完成报关单的填写并提交。委托报关则是企业将报关工作委托给专业的报关代理公司，利用其专业知识和资源，确保报关过程的顺利进行。

根据海关规定，企业需要填写报关单，这是报关过程中最重要的文件之一。报关单涵盖了商品的详细信息，包括商品的名称、规格、数量、价值、原产地等。这些信息必须准确无误，任何错误或遗漏都可能导致清关延误甚至失败。完成报关单的填写后，企业将报关单和相关文件递交给海关，等待海关的审查和处理。海关会对报关单和文件进行仔细审核，确保所有信息符合规定，并对商品进行实际检查，以验证其与报关单上的描述一致。

（三）缴税环节

缴税是进口清关的重要环节，确保商品符合目标国家（地区）的税收要求。不同国家（地区）的税则各不相同，企业需要根据商品的分类和目标市场的税则，确定应缴纳的进口关税、增值税等税种。这一过程需要企业具备深厚的税务知识且掌握目标市场的税则知识。

企业需要准确确定商品的税则分类。税则分类是根据商品的性质、用途、成分等因素进行划分的，不同的分类对应不同的税率。企业可以通过查阅目标国家（地区）的税则手册、咨询专业的税务顾问或利用海关提供的分类工具来确定商品的正确分类。

在确定税种和税率后，企业需要根据商品的申报价值和适用税率计算应缴纳的税款金额。申报价值通常以商品的成交价格为基础，但还需要考虑运输费用、保险费用、包装费用等其他相关成本。企业需要确保计算的准确性，避免因计算错误而导致的税务问题。

最后，企业需要根据海关规定按时向海关缴纳应缴纳的税款。通常，企业可以通过银行转账、电子支付等方式进行税款的缴纳。海关会对税款的缴纳情况进行核实，确保税款足额、及时地入库。缴纳税款后，企业将获得相应的缴税凭证，这是通关手续的重要组成部分。

（四）检验检疫

检验检疫是确保商品符合目标国家（地区）质量与安全标准的关键步骤。不同国家（地区）对进口商品的质量和安全有着严格的要求，企业必须确保商品符合这些标准，才能顺利进入市场。

根据商品的特性和目标国家（地区）的要求，企业需要进行相应的检验检疫申报。例如，食品、化妆品、医疗器械等商品通常需要进行严格的质量检测和安全评估。企业需要提供详细的检验检疫文件和证书，如质量检测报告、安全评估报告、原产地证明等。这些文件证明商品符合目标国家（地区）的质量和安全标准。

海关会对申报的商品进行检验检疫审查。审查过程可能包括文件审核、现场检查、抽样检测等。文件审核是海关对企业提交的检验检疫文件进行仔细检查，确保文件的完整性和有效性。现场检查是海关人员到货物存放地点进行实地检查，核实商品的实际情况与申报信息是否一致。抽样检测是海关人员随机抽取部分商品进行实验室检测，以验证商品的质量和安全性。

如果商品检验检疫合格，海关将发放相应的合格证明，企业可以继续进行通关手续。如果商品未能通过检验检疫，海关将根据具体情况采取相应的措施，如要求企业进行整改、重新检测，甚至没收或销毁不合格商品。这不仅会给企业带来经济损失，还可能影响企业的声誉和市场竞争力。

（五）通关手续与物流配送

通关是商品正式进入目标市场的最后环节。企业需要根据海关要求，准备并完善通关所需的单证。这些单证包括提单、舱单、货物明细单等，它们详细记录了商品的运输信息、货物详情等内容。提单是商品运输的凭证，证明商品已经由运输公司接收并开始运输。舱单则列出了运输工具上所有货物的详细信息，包括货物的名称、数量、重量、体积等。货物明细单进一步细化了商品的信息，便于海关进行审核和管理。

在准备好单证后，企业需要进行通关申报。通关申报包括填写通关单证、信息申报等步骤。企业需要确保申报信息的准确性和完整性，任何错误或遗漏都可能导致通关延误。海关会对申报信息进行审核，并结合之前的报关、缴税、检验检疫等环节的情况，进行全面的检查和评估。

根据海关规定，企业需要支付相关的通关费用。这些费用包括运输费用、仓储费用等。运输费用是商品从入境口岸运输到目的地的费用，仓储费用则是在商品通关期间因存放而产生的费用。企业需要按时支付这些费用，以确保通关手续的顺利进行。

海关完成通关检查后，会发放通关单证，标志着商品已经获得放行，可以正式进入目标国家（地区）市场。最后，通过目标国家（地区）内的快递公司将跨境商品送到消费者手中，完成整个进口清关流程。目标国家（地区）内的快递公司会根据消费者的地址信息，安排合适的配送方案，确保商品能够快速、安全地送达消费者手中。

通过以上流程，跨境电商企业能够确保商品顺利、合法地进入目标市场，同时为消费者提供高效、便捷的购物体验。这一流程不仅涉及多个环节和步骤，还需要企业具备丰富的专业知识和实践经验。只有严格遵守目标国家（地区）的法律法规，确保商品的质量和安全，跨境电商企业才能在激烈的市场竞争中立于不败之地，实现可持续发展。

二、关税与进口环节税的计算

（一）关税

依据《中华人民共和国关税法》第二十三条：关税实行从价计征、从量计征、复合计征的方式征收。

实行从价计征的，应纳税额按照计税价格乘以比例税率计算。

实行从量计征的，应纳税额按照货物数量乘以定额税率计算。

实行复合计征的，应纳税额按照计税价格乘以比例税率与货物数量乘以定额税率之和计算。

1. 从价计征

（1）计算公式。

关税税额 = 货物计税价格 × 从价关税税率

（2）货物计税价格。

进口货物的计税价格，由海关以该货物的成交价格为基础确定，并且应当包括货物运抵境内输入地点起卸前的运输及其相关费用、保险费。

（3）从价关税税率。

根据商品的种类和海关商品编码确定。不同国家（地区）对不同商品设定的从价关税税率各不相同。

2. 从量计征

（1）计算公式。

关税税额 = 货物数量 × 单位从量关税税率

（2）货物数量。

货物数量是指进口货物的计量单位数量，如重量、数量、容量、长度、面积等。

（3）单位从量关税税率。

根据商品的种类和海关商品编码确定。不同国家（地区）对不同商品设定的单位从量关税税率各不相同。

3. 复合计征

（1）计算公式。

关税税额 = 货物计税价格 × 从价关税税率 + 货物数量 × 单位从量关税税率

（2）货物计税价格和数量。

进口货物的计税价格，由海关以该货物的成交价格为基础确定，并且应当包括货物运抵境内输入地点起卸前的运输及其相关费用、保险费。

货物数量是指进口货物的计量单位数量，如重量、数量、容量、长度、面积等。

（3）从价关税税率和单位从量关税税率。

根据商品的种类和海关商品编码确定。不同国家（地区）对不同商品设定的从价关税税率和单位从量关税税率各不相同。

（二）增值税（VAT）

1. 计算公式

增值税税额 =（货物计税价格 + 关税）× 增值税税率

2. 增值税税率

增值税税率根据进口国家（地区）的规定确定。不同商品可能适用不同的增值税税率。

（三）消费税

1. 计算公式

消费税税额=（货物计税价格+关税）×消费税税率

2. 消费税税率

消费税税率取决于商品种类和进口国家（地区）的税收政策。

（四）综合税费

1. 计算公式

综合税费=关税+增值税+消费税

2. 跨境电商综合税率

在中国，跨境电商零售进口商品的综合税率通常为11.9%，低于一般贸易进口税率。对于单次交易限值为5000元、年度交易限值为26000元以内的商品，关税暂设为0，进口环节增值税、消费税暂按法定应纳税额的70%征收。

三、清关风险与应对策略

（一）清关风险

跨境电商企业在全球化市场中面临复杂的清关风险，这些风险可能对企业的运营效率和成本控制产生重大影响。

1. 政策风险

政策风险是企业首先需要应对的挑战之一。不同国家（地区）的海关政策和法规经常变化，这种变化可能导致清关流程的调整和延误。例如，某些国家（地区）可能突然调整关税税率或实施新的进口限制，这要求企业迅速适应新的政策环境。

2. 申报风险

商品信息申报不准确、不完整，可能导致海关审查时间延长，甚至退运或罚款。企业可能因对商品分类的误解或对申报要求的忽视而面临这些问题。

3. 税收风险

关税、增值税、消费税等税费计算错误，可能导致企业成本增加，影响利润。尤其是在涉及多个税种和复杂税率的情况下，企业需要确保税费计算的准确性。

此外，商品不符合目标国家（地区）的质量和安全标准，可能导致清关失败。这不仅影响企业的市场准入，还可能对企业的声誉造成损害。

（二）应对策略

企业应及时关注并了解目标国家（地区）的海关政策和法规变化，确保合规操作。这可以通过订阅政策更新服务、参加行业研讨会或与当地商会合作来实现。

企业应确保商品信息申报的准确性和完整性，避免低报、高报等行为。这需要企业深入理解商品分类和申报要求，并使用专业的申报软件或工具来减少人为错误。

寻求专业的报关代理或咨询服务，可以帮助企业获得准确的报关信息和专业的操作支持。这些代理通常具有丰富的经验和良好的信誉，能够帮助企业应对复杂的清关程序。

企业应预留充足的时间，以应对可能的政策变化或审查延误。这有助于减少因时间紧迫而导致的额外成本和压力。

企业应与货代、物流公司、海关保持良好的沟通，确保信息流畅和协作顺利。及时的信息共享可以帮助企业快速响应变化、减少延误。

企业应建立风险管理体系，对可能出现的风险进行评估和预测。通过识别潜在风险并制订相应的应对计划，企业可以更好地保护自身免受清关过程中不可预见问题的影响。

跨境电商企业在面对清关风险时，需要采取全面的策略来确保商品顺利、合法地进入目标市场。通过深入了解政策法规、确保申报准确性、选择专业代理、预留充足时间、保持良好沟通以及建立风险管理体系，企业可以在复杂的清关环境中保持竞争力，实现可持续发展。

第四节
测试题

一、单选题

1. 国际物流渠道中,以下哪种物流方式适合运输高价值且时效性要求高的商品?( )

   A. 海运

   B. 空运

   C. 公路与铁路运输

   D. 跨境电商物流平台

2. 仓储管理中,以下哪个不是海外仓的优势?( )

   A. 快速配送

   B. 降低物流成本

   C. 减少关税

   D. 灵活调配

3. 清关与报关中,以下哪个不是跨境电商的清关流程?( )

   A. 消费者下单

   B. 电商平台信息申报

   C. 报关流程

D. 直接邮寄

4. 以下哪个不是物流服务商的选择与合作中提到的大型物流公司？（　　）

    A. DHL

    B. FedEx

    C. UPS

    D. 京东物流

5. 仓储管理中，以下哪个不是仓储布局的内容？（　　）

    A. 分区布局

    B. 货架布局

    C. 通道布局

    D. 色彩布局

6. 跨境电商零售进口商品的单次交易限值为人民币（　　）。

    A. 2000 元

    B. 5000 元

    C. 10000 元

    D. 26000 元

7. 物流成本控制与优化中，以下哪个不是提到的优化方法？（　　）

    A. 优化仓储管理

    B. 运用智能化物流技术

    C. 灵活的退货管理

    D. 增加物流人员

8. 仓储管理中，以下哪个不是库存控制方法？（　　）

    A. ABC 分类法

    B. 经济订货批量（EOQ）模型

C. 安全库存管理

D. 先进先出（FIFO）原则

9. 海关完成通关检查后，会发放（ ）。

A. 报关单

B. 检验检疫证书

C. 提单

D. 通关单证

10. 以下哪个不是提到的物流自动化设备？（ ）

A. 自动化货架

B. 自动分拣系统

C. 机器人搬运

D. 人工搬运

二、多选题

1. 国际物流渠道中，适合大宗商品和重量较大的货物的物流方式包括（ ）。

A. 海运

B. 空运

C. 公路与铁路运输

D. 跨境电商物流平台

2. 海运的特点包括（ ）。

A. 成本较低

B. 运输周期较长

C. 单品价值较低

D. 运输量较大

3. 清关与报关中，跨境电商的清关流程包括（   ）。

　　A. 消费者下单

　　B. 电商平台信息申报

　　C. 报关流程

　　D. 检验检疫

4. 第三方物流（3PL）公司通过提供一站式物流解决方案，帮助企业简化供应链管理流程。这种服务模式涵盖了（   ）等多个环节。

　　A. 仓储

　　B. 运输

　　C. 分拣

　　D. 配送

5. 灵活的退货管理的优点包括（   ）。

　　A. 提升客户体验

　　B. 快速处理退货商品

　　C. 减少库存积压

　　D. 减少资源浪费

6. 清关与报关中，跨境电商的税务合规要点包括（   ）。

　　A. 进口关税

　　B. 进口增值税

　　C. 消费税

　　D. 企业所得税

7. 报关文件中的商品发票详细列出了商品的（   ）等信息。

　　A. 名称

　　B. 规格

　　C. 数量

D. 价格

8. 仓储管理中，库存管理的方法包括（　　）。

   A. ABC 分类法

   B. 经济订货批量（EOQ）模型

   C. 安全库存管理

   D. 先进先出（FIFO）原则

9. 清关与报关中，跨境电商的清关风险包括（　　）。

   A. 政策风险

   B. 申报风险

   C. 税收风险

   D. 汇率风险

10. 报关和清关中的综合税费包括（　　）。

    A. 关税

    B. 增值税

    C. 消费税

    D. 企业所得税

三、填空题

1. 在国际物流渠道中，_____是一种传统的跨境物流渠道，价格较低，适用于轻量级和低价值的商品。

2. _____适用于大宗商品和重量较大的货物，尤其适合邻近国家（地区）或大陆间的运输。

3. 跨境电商物流平台如菜鸟等，提供_____的物流解决方案，整合了不同的物流服务商，提供范围覆盖全球的服务。

4. 海外仓模式可享受关税优惠政策，适用于高价值、时效性强且需求稳定、订单量大的商品，其优势包括_____、降低物流成本、减少关税。

5. 保税仓内的商品暂不缴纳关税和增值税，待实际销售后根据销售情况缴税，其优势在于税收_____、灵活调配库存。

6. 仓储布局中的分区布局是根据商品种类、体积、重量、周转率等因素划分不同区域，如存储区、_____、包装区、发货区等。

7. 库存管理中，ABC分类法将商品分为三类，其中A类商品为重点管理对象，B类商品为_____，C类商品为简单管理对象。

8. 清关与报关中，消费者下单后，平台需收集详细的订单信息，包括商品的名称、规格、数量、价格，以及购买者的姓名、_____、联系方式等。

9. 报关流程中，企业需准备商品发票、_____、装箱单、提单等报关文件，这些文件是海关审核商品合法性和合规性的依据。

10. 增值税的计算公式为：增值税税额 =（货物计税价格 + 关税）× 增值税税率，其中增值税税率根据_____国家（地区）的规定确定。

第五章

跨境电商监管模式

跨境电商在政策法规的框架内蓬勃发展，监管模式也为其提供了规范和指引。本章解读《中华人民共和国电子商务法》核心内容，分析关税政策与税务管理要点，探讨消费者权益保障法规，并阐述跨境电商海关监管模式及申报格式以帮助读者在合法合规的基础上，把握政策机遇，规避潜在风险。

第一节
《中华人民共和国电子商务法》核心内容解读

一、电子商务经营者的定义与范围

《中华人民共和国电子商务法》第九条规定，电子商务经营者是指通过互联网等信息网络从事销售商品或者提供服务的经营活动的自然人、法人和非法人组织，包括电子商务平台经营者、平台内经营者以及通过自建网站、其他网络服务销售商品或者提供服务的电子商务经营者。这一定义明确了电子商务经营者的广泛范围，不仅涵盖了传统的电商平台及平台内商家，还将通过自建网站或其他网络途径销售商品或提供服务的主体纳入其中。随着互联网技术的发展，电子商务的形态日益多样，从早期的大型电商平台如淘宝、京东，到如今众多品牌自建的官方购物网站，以及通过社交媒体等渠道进行商品销售的商家，都属于电子商务经营者。这样的定义适应了电子商务快速发展的趋势，确保了法律的适用性和监管的全面性，使各种形式的网络经营活动都能在法律的框架内进行规范。

二、电子商务经营者的登记义务

《中华人民共和国电子商务法》第十条规定电子商务经营者应当依法办理市场主体登记。这一规定体现了线上线下一体化监管的原则，将电子商务经营者纳入了传统的市场主体登记管理体系。市场主体登记是国家对经济活动主体进行监管的重要手段，有助于保障交易安全和维护市场秩序。对于电子商务经营者而言，依法办理登记意味着需要向市场监督管理部门提交相关材料，经过审核后获得合法的经营资格。这一过程不仅使经营者的身份得到确认，也为消费者在权益受损时提供了明确的责任主体信息，便于消费者维权和监管部门执法。

三、电子商务合同的订立与履行

《中华人民共和国电子商务法》第四十七条至第五十七条对电子商务合同的订立和履行环节进行了规范。在互联网环境下，合同的形式和订立方式与传统线下合同有所不同，《中华人民共和国电子商务法》的这些条款明确了电子合同的有效性和操作流程，保障了交易双方的合法权益。例如，在合同履行方面，明确了经营者应按照约定的方式、时间、质量标准等履行义务，确保消费者能够按时、按质收到商品或服务。

四、消费者权益保护

消费者权益保护是《中华人民共和国电子商务法》的重要内容之一。该法第三十二条、第三十八条至第四十条，以及第四章"电子商务争议解决"（第五十八条至第六十三条）中有消费者权益保护相关条款，从多个方面对消费者的权益进行了保障。这促使平台加强对平台内经营者的管理和监督，提高平台整体的交易安全性和可信度。此外，对于商品和服务信息的真实性、准确性提出要求，防止经营者进行虚假宣传、误导消费者，保障了消费者的知情权。在售后服务方面，规定经营者应承担退换货等责任，使消费者在购买商品后能够有保障地享受相应的售后服务，解决了消费者购物的后顾之忧，提高了消费者对电子商务的信任度和满意度。

五、知识产权保护

《中华人民共和国电子商务法》第四十一条至第四十五条等规定了电子商务平台经营者对平台内经营者的知识产权保护义务。平台作为网络交易的重要场所，负有监督和管理平台内经营者知识产权情况的责任。当平台知道或者应当知道平台内经营者侵犯知识产权时，应当采取删除、屏蔽、断开链接、终止交易和服务等必要措施，防止侵权行为的扩大。这一规定强化了平台在知识产权保护中的作用，有助于打击网络侵权行为，维护知识产权权利人的合法权益。同时，也促使平台建立完善的知识产权保护机制，加强对平台内经营者资质的审核和商品信息的监测，推动电子商务行业的健康发展，营造良好的创新环境和市场秩序。

第二节
《中华人民共和国关税法》相关内容解读

一、《中华人民共和国关税法》相关条款

《中华人民共和国关税法》第三条规定：

"进口货物的收货人、出口货物的发货人、进境物品的携带人或者收件人，是关税的纳税人。

从事跨境电子商务零售进口的电子商务平台经营者、物流企业和报关企业，以及法律、行政法规规定负有代扣代缴、代收代缴关税税款义务的单位和个人，是关税的扣缴义务人。"

二、解读

《中华人民共和国关税法》第三条明确规定了关税的征收范围和对象，指出进口货物的收货人、出口货物的发货人、进境物品的携带人或者收件人，均为关税的纳税义务人。这一条款在跨境电商领域具有重要意义，意味着通过跨境电商平台进行商品买卖的各方，包括国内的跨境电商企业、海外供应商以及消费者等，都需依法履行关税缴纳义务。

对于跨境电商进口商品，海关会根据商品的计税价格、关税税率等要素计算应征关税，并要求企业在商品入境清关环节完成缴纳。这要求跨境电商企业在运营过程中，必须准确申报商品信息、价值等关键数据，确保关税计算和缴纳的合规性，

同时合理规划商品采购、定价及物流配送策略，以降低关税成本对利润空间的影响。随着跨境电商零售进口监管政策的不断完善，如单次交易限值和年度交易限值的规定，企业在处理关税问题时还需充分考虑这些政策因素，避免因超限等原因引发的额外税务负担或合规风险。

第三节
关税政策与税务管理

一、部分国家（地区）的关税政策

（一）中国

根据《关于完善跨境电子商务零售进口税收政策的通知》（财关税〔2018〕49号），跨境电子商务零售进口商品的单次交易限值提高至 5000 元，年度交易限值提高至 26000 元。超过单次交易限值但低于年度交易限值，且订单下仅一件商品时，可按货物税率全额征收关税和进口环节增值税、消费税。

（二）欧盟

欧盟对低价值商品的增值税豁免政策进行了调整，进一步提高了合规要求。企业需要在目标市场注册相应的税号（如欧盟的增值税号），并根据当地法规准确计算和申报税款。

（三）美国

美国对跨境电商的税收政策较为复杂，涉及关税、进口增值税和消费税等。企业需要准确申报商品价值、原产地和海关商品编码，避免因低估价值、错误归类或其他申报失误导致高额罚款。

二、跨境电商的税务合规

（一）税务合规的重要性

税务合规是跨境电商企业稳健运营的基石。合规能够有效规避因违规而产生的额外成本和损失。税务违规可能导致高额罚款、滞纳金甚至法律诉讼，这些都会显著增加企业的运营成本。合规有助于提升品牌信誉与消费者信任度。消费者更倾向于选择那些遵守法律法规、具有社会责任感的企业，而税务合规正是企业诚信经营的重要体现。合规还能增强企业的融资能力、增加合作机会。金融机构和合作伙伴通常更愿意与合规企业合作，因为这降低了他们的投资和合作风险。合规是保障业务可持续发展的关键。

（二）主要税种及合规要点

1. 进口关税

进口关税是跨境电商企业需要重点关注的税种之一。企业必须准确申报商品价值、原产地和海关商品编码，以避免因低估价值、错误归类或其他申报失误导致的高额罚款。海关商品编码的准确性直接影响商品的关税税率，错误的海关商品编码可能导致海关审查和延误。企业应充分利用自由贸易协定（FTA）等政策，通过正确的商品分类和原产地认证，有效降低关税成本。某些国家（地区）之间的自由贸易协定可能对特定商品提供零关税或降低关税的优惠，企业应积极研究并利用这些政策。

2. 进口增值税（VAT）或商品及服务税（GST）

进口增值税或商品及服务税是跨境电商企业在目标市场必须面对的税种。不同国家（地区）的 VAT 或 GST 税率、申报流程和合规要求各不相同。企业需要在目标市场注册相应的税号，如欧盟的增值税号（VAT Number）或澳大利亚的商品及服务税号（GST Number）。注册后，企业需根据当地法规准确计算和申报税款。某些国家（地区）可能对远程销售（如跨境电商）设有特定的增值税门槛，企业需密切关注这些规定以避免违规。

3. 消费税

消费税是针对特定商品征收的税种，通常适用于烟酒、奢侈品、高能耗产品等。企业需要深入了解目标市场的消费税政策，包括税率、征税范围和申报周期。企业应确保在进口和销售这些商品时准确计算并缴纳消费税，避免因漏报或少报而面临税务调查和处罚。

4. 企业所得税

企业所得税是基于企业利润进行征税的税种。跨境电商企业需要明确纳税主体和征税对象。纳税主体可能涉及公司注册地、实际经营地等多个因素，而征税对象则可能包括全球收入或境内收入。企业应根据不同国家（地区）的税法规定，合理规划全球税务责任，避免双重征税。某些国家（地区）之间签订了避免双重征税协定（DTA），企业可以通过合理利用这些协定降低税负。企业还需注意转让定价问题，确保关联公司之间的交易定价符合独立交易原则，以避免税务机关进行调整和处罚。

（三）常见税务风险

1. 报关风险

报关环节是税务合规的关键点之一。低报价格、虚报瞒报、错误商品归类等行为都可能导致高额罚款，甚至使企业被列入黑名单，严重影响企业后续业务开展。企业应建立严格的内部审核机制，确保报关信息的真实性和准确性。海关对商品价值和分类的审查日益严格，企业需提前做好合规准备，以避免不必要的延误和损失。

2. 转移定价风险

转移定价是跨国企业常见的税务筹划手段，但不合理的价格转移可能被税务机关识别并进行处罚。企业应遵循独立交易原则，确保关联交易的定价合理且符合市场水平。税务机关对关联企业之间的交易审查日益严格，企业需提前做好合规准备，以避免补税和处罚的风险。

3. 无票费用风险

无票费用是企业税务合规中的隐形风险。一些企业存在未开具发票的费用，如网红推广费、咨询费等。这些费用可能影响税务申报的准确性和合法性，增加税务风险，甚至导致税务调查。企业应确保所有费用都有合法的发票支持，以避免此类风险。税务机关对费用真实性的审查日益严格，企业需提前做好合规准备。

4. 数据合规风险

数据合规与税务合规密切相关。企业需要遵守目标市场的各项数据隐私法规，如欧盟的《通用数据保护条例》（General Data Protection Regulation，GDPR）。数据泄露不仅可能导致巨额罚款，还可能引发税务调查。企业应建立完善的数据合规管理体系，确保数据处理的合法性和安全性，同时与税务合规要求保持一致。税务机关对数据一致性的审查日益严格，企业需提前做好合规准备，以避免双重处罚的风险。

三、税务筹划与优化

（一）利用税收优惠政策

企业应积极研究并利用目标市场的各项税收优惠政策，如保税区政策、出口退税政策等，降低税负。

（二）利用出口退税政策

根据《国家税务总局关于支持跨境电商出口海外仓发展出口退（免）税有关事项的公告》（国家税务总局公告2025年第3号），纳税人以出口海外仓方式出口的货物，申报办理出口退（免）税时，须依据货物销售情况确定申报方式。若货物已实现销售的，按现行规定申报办理出口退（免）税；若货物尚未实现销售的，按照"离境即退税、销售再核算"方式，先凭出口货物报关单等材料信息，预先申报办理出口退（免）税，后续再根据货物销售情况进行税款核算。

（三）合规的企业架构设计

合规的企业架构设计对于跨境电商企业的财税合规非常重要。许多跨境电商卖家拥有多个店铺、多个公司，以及境外公司等。在设置它们之间的关系，特别是店铺和公司之间的关联时，需要考虑如何设计合规的企业架构。

（四）借助专业平台与工具

跨境电商企业可以利用现代化的财务管理工具和合规平台，如电子发票系统、国际税务申报工具等，实现自动化的税务申报和管理，提高合规效率。

（五）定期审计与培训

企业要定期进行财务审计，及时发现并解决潜在的财务问题。此外，企业应对内部员工进行财税合规培训，确保各部门在日常运营中能正确处理相关的税务问题。

第四节
消费者权益保障

一、跨境电商中的消费者权益保护政策法规

跨境电商涉及不同国家（地区）的法律法规，消费者权益保护法规在其中扮演着重要角色。中国在跨境电商领域出台了一系列政策法规，以保障消费者的合法权益。

《关于完善跨境电子商务零售进口监管有关工作的通知》明确了跨境电商零售进口的定义和条件，要求跨境电商必须是 B2C 模式，商品需在《跨境电子商务零售进口商品清单》内，且限于个人自用。

《网络购买商品七日无理由退货暂行办法》（国家工商行政管理总局令第 90 号公布）规定了网络商品销售者应履行七日无理由退货义务，明确了不适用退货的商品范围和商品完好的标准。

二、产品质量与安全标准

跨境电商中的产品质量与安全标准是保障消费者权益的重要环节。

国家标准 GB/T 42774—2023《跨境电子商务供应链质量安全管理指南》建立了跨境电商供应链各方在质量管理框架下的统一体系，为跨境电子商务供应链各方提供了提升质量安全管理建议，给出了质量安全管理中需考虑的内容，有利于跨境电商供应链各方根据各自职责实施供应链质量安全管理，构建统一协调的供应链质

量安全保障体系。

跨境电商企业需建立商品质量安全风险防控机制，包括收发货质量管理、仓库质量管控、供应商管理等。

建立健全网购保税进口商品质量追溯体系，涵盖境外启运地至境内消费者的完整物流轨迹。

三、消费者投诉与纠纷处理

在跨境电商交易中，消费者权益保护至关重要。有效的投诉和纠纷处理机制是保障消费者权益的关键。跨境电商第三方平台在消费者权益保护中扮演着重要角色。平台需建立消费纠纷处理和消费维权自律制度，积极协助消费者维护自身合法权益。当消费者遇到问题时，平台应及时响应并提供解决方案。此外，平台还需履行先行赔付责任，确保消费者在遭遇损失时能够得到及时的经济补偿。

七日无理由退货政策为消费者提供了额外的保障。消费者在收到商品之日起七日内有权无理由退货，这使得消费者在购买决策上拥有更大的灵活性。网络商品销售者应依法履行这一义务，确保退货流程简便、高效。销售者需明确告知消费者退货的条件和程序，以便消费者能够顺利行使这一权利。

市场监管部门在保护消费者权益方面发挥着重要作用。加强对网络商品销售者和网络交易平台提供者的监督检查是确保市场秩序的关键措施。监管部门需定期开展专项检查，确保销售者和平台遵守相关法律法规。同时，监管部门应及时处理消费者的投诉和举报，对违规行为进行严肃查处，以维护市场的公平和透明。

通过上述法规和措施，跨境电商领域的消费者权益得到了较为全面的保障。然而，消费者权益保护是一个持续的过程，需要各方共同努力。平台、销售者、监管部门以及消费者自身都应积极参与到权益保护中来。平台和销售者需不断提升服务质量，监管部门需加强执法力度，消费者则需增强自我保护意识。只有通过各方的持续努力和合作，才能不断优化相关机制，为消费者创造一个更加安全、放心的跨境电商环境。

第五节
跨境电商海关监管模式

跨境电商的模式多种多样，根据交易主体的不同，可以分为 B2B（企业对企业）、B2C（企业对消费者）、C2C（消费者对消费者）等主要模式。此外，随着技术的发展和市场需求的变化，还衍生出了 O2O（线上到线下）、社交电商等新兴模式。

B2B 模式适合大宗交易和供应链合作，B2C 模式适合零售和品牌直销，C2C 模式则适合灵活的个人交易，O2O、社交电商等新兴模式为跨境电商带来了更多创新机会，商家应根据自身资源和市场需求，选择合适的模式并不断优化运营策略。

一、B2B（企业对企业）

（一）定义与特点

B2B（Business to Business）是指企业与企业之间通过互联网平台进行商品或服务的交易。这种模式通常涉及大宗商品或批量订单，交易金额较大。

跨境电商 B2B 模式的特点是交易流程复杂、周期较长，但订单金额高、客户稳定性强。

（二）应用场景

1. 原材料采购

制造企业通过 B2B 平台采购原材料或零部件。

2. 批发贸易

批发商通过 B2B 平台向零售商或分销商销售商品。

3. 供应链合作

企业通过 B2B 平台寻找合作伙伴，优化供应链。

（三）海关监管模式

跨境电商 B2B 业务主要涉及两种海关监管模式：跨境电商 B2B 直接出口（9710）和跨境电商出口海外仓（9810）。以下是这两种模式的详细介绍。

1. 跨境电商 B2B 直接出口（9710）

（1）定义：指境内企业通过跨境电商平台与境外企业达成交易后，通过跨境物流将货物直接出口送达境外企业，并向海关传输相关电子数据的模式。

（2）应用场景：适用于企业对企业的跨境交易，常见于通过阿里巴巴国际站等平台进行的跨境电商出口业务。

（3）优势：

- 简化报关流程，降低参与国际贸易门槛；
- 提高交易效率，加快货物交付速度；
- 企业可享受出口退税政策，优化成本。

（4）操作流程：

- 企业通过跨境电商平台接单后，备货并推送订单数据到海关"单一窗口"。
- 海关审核并办理货物放行手续。
- 企业向海关申报并取得报关单，收汇并向税务部门申报退税。

2. 跨境电商出口海外仓（9810）

（1）定义：指境内企业将出口货物通过跨境物流送达海外仓，通过跨境电商平台实现交易后从海外仓送达购买者，并向海关传输相关电子数据的模式。

（2）应用场景：适用于采用亚马逊物流服务模式或海外仓出口的企业。

（3）优势：

- "单未下、货先行"模式能够缩短物流时间，减少货物送达时长和提高售后效率；
- 降低破损丢包率，提升客户满意度；

- 物流方式通常以海运为主，有效节省成本；
- 企业可享受出口退税政策，优化成本。

（4）操作流程：
- 企业完成海外仓备案，向跨境电商公共服务平台上传报关要件信息，生成订仓单号。
- 企业（或委托报关行）通过国际贸易"单一窗口"申报9810报关单，组织物流发货到海外仓。
- 货物在海外仓上架销售后，企业收汇并向税务部门申报退税。

3. 选择建议

9710模式适合直接与境外企业进行交易且对时效性要求较高的企业。

9810模式适合有一定海外仓资源，希望通过提前备货缩短物流时间、提升客户体验的企业。

企业可根据自身业务特点和需求，选择合适的海关监管模式，以实现高效、合规的跨境电商业务运营。

二、B2C（企业对消费者）

（一）定义与特点

B2C（Business to Consumer）是指企业通过互联网平台直接向消费者销售商品或服务。这种模式以零售为主，交易金额较小，但订单频率高。

跨境电商B2C模式的特点是交易流程简单、注重消费者体验，且对物流和售后服务要求较高。

（二）应用场景

1. 零售电商

企业通过B2C平台向全球消费者销售商品，如服装、电子产品、家居用品等。

2. 品牌直销

品牌企业通过自建站或第三方平台直接面向消费者销售，减少中间环节。

（三）海关监管模式

跨境电商 B2C 业务主要涉及两种海关监管模式：9610 直邮出口和 1210 保税电商。以下是对这两种模式的详细介绍。

1. 9610 直邮出口

（1）定义：全称为"跨境贸易电子商务"，简称"电子商务"，俗称"直邮出口"或"自发货"模式。适用于境内个人或电商企业通过电商交易平台实现交易，并采用"清单核放、汇总申报"模式办理通关手续的电子商务零售进出口商品。

（2）应用场景：适合小包直邮模式的跨境电商企业，特别是对时效性要求较高的企业。

（3）优势：

- 链路短、时效快、成本低、更灵活；
- 解决企业出口退税难题，海关为企业出具报关单退税证明；
- 简化申报流程，跨境电子商务综合试验区出口不涉及出口征税、出口退税、许可证件管理且单票货值 5000 元以下的 B2C 电商商品，可采用"清单核放、汇总统计"方式通关。

（4）操作流程：

- 企业或其代理人、物流企业通过"单一窗口"或跨境电商通关服务平台将"三单信息"（商品信息、物流信息、支付信息）实时传输给海关。
- 海关采用"清单核放，汇总申报"方式通关。
- 商品以邮递、空运等方式运送出境。

2. 1210 保税电商

（1）定义：全称为"保税跨境贸易电子商务"，简称"保税电商"，行业俗称"保税备货模式"，适用于境内个人或电商企业在经海关认可的电商平台实现跨境交易，并通过海关特殊监管区域或保税监管场所进出的电子商务零售进出境商品。

（2）应用场景：适合生产制造企业，特别是需要提前备货进入保税仓库，再在电商平台上架销售、分批出口的企业。

（3）优势：

- 解决电商货物"出得去、退回难"的问题，货物可以退回保税区进行重新清理、维修、包装后再销售；
- 电商境外采购的货物可以进入保税区存放，然后根据需求将产品以包裹的方式清关后寄递给境内外的客户；
- 保障企业合规清关，增强企业电商出海的底气；
- 退税流程简便、周期短、效率高，缩短企业资金运转周期、减少退税时间成本，增加企业经营利润。

（4）操作流程：
- 境内企业根据境外市场预期，将产品提前备货进入保税仓库；
- 在电商平台上架销售、分批出口；
- 货物出保税区，完成销售，结汇打款后，企业拿资料申请退税。

3. 选择建议

9610 直邮出口：适合小包直邮模式的跨境电商企业，特别是对时效性要求较高的企业。

1210 保税电商：适合生产制造企业，特别是需要提前备货进入保税仓库，再在电商平台上架销售、分批出口的企业。

企业可根据自身业务特点和需求，选择合适的海关监管模式，以实现高效、合规的跨境电商业务运营。

三、C2C（消费者对消费者）

（一）定义与特点

C2C（Consumer to Consumer）是指消费者通过互联网平台直接与其他消费者进行商品或服务的交易。这种模式通常以二手商品、手工艺品等为主。

C2C 跨境电商的特点是交易灵活、商品种类多样，但交易风险较高。

（二）应用场景

1. 二手交易

消费者通过 C2C 平台出售闲置物品，如二手电子产品、服装等。

2. 手工艺品交易

手工艺者通过 C2C 平台向全球消费者销售自制商品。

（三）海关监管模式

1. C2C 海关监管模式概述

跨境电商 C2C 模式下的海关监管主要涉及个人消费者之间的交易，具有交易金额小、频率高、商品种类繁多等特点。

2. C2C 海关监管模式的主要特点

（1）适用范围：

根据海关总署发布的相关公告，C2C 模式下的跨境交易主体包括个人消费者，其交易行为需接受海关监督。

（2）通关管理：

电商平台需对购买跨境商品的个人身份信息进行核实，并向海关提供有效信息。若无法核实订购人身份信息，订购人与支付人需为同一人。

（3）税收征管：

C2C 进口商品的税收政策与 B2C 类似，按照货物征收关税和进口环节增值税、消费税。计税价格为实际交易价格，包括商品零售价格、运费和保险费。

对于通过邮政快递入境的跨境电商零售进口商品，不再按行邮税计征税款，而是按照货物征收关税和进口环节增值税、消费税。

跨境电商零售进口商品的单次交易限值为人民币 5000 元，个人年度交易限值为人民币 26000 元。在单次和年度限值内的商品关税税率暂设为 0；超出部分的单个不可分割商品，均按照一般贸易方式全额征税。

3. C2C 海关监管模式的优势与面临的挑战

（1）优势：

- 简化申报流程：海关总署规定，跨境电子商务综合试验区出口不涉及出口征税、出口退税、许可证件管理且单票货值 5000 元以下的 B2C 电商商品，采用"清单核放、汇总统计"方式通关。
- 支持小包裹直邮：C2C 模式适合小包裹、多品名、高频次发货的订单，采用"清单核放、汇总申报"模式办理通关手续，具备高效通关、低成本、灵活性强的优势。

（2）面临的挑战：

- 商品税则号归类问题：小型 C2C 商家难以做到正确申报商品归类信息，导致海关监管难度增加。
- 纳税主体问题：在 C2C 模式下，海关很难找到真实的境内纳税主体，个人纳税主体和电商纳税主体存在较大的税负差异，容易形成"灰色税收地带"。

4. C2C 海关监管模式的优化建议

（1）建立境外境内共同申报责任制：

海关应尊重电商运作之道，开启大众自我监管模式，让最终纳税义务承担者——境内订购人，在境内向海关的集中平台数据库对入境货物、物品进行自觉申报。

（2）健全后续稽查管理：

海关应对境内个人订购者的身份认证、外汇额度限制、税款缴纳以及单次、全年的订购金额限制进行系统自动化的严格监控。

对于可能存在偷税漏税的 C2C 贸易企业、社会组织与个人等，海关稽查、缉私部门应予以严格监控。

对于违法、逃税漏税的犯罪分子应予以打击并禁止其从事与跨境电商相关的商品交易以及服务等活动。

通过上述监管模式的优化，C2C 跨境电商的海关监管将更加高效、透明，有助于促进跨境电商行业的健康发展。

四、其他模式

（一）O2O（线上到线下）

1. 定义与特点

O2O（Online to Offline）是指通过线上平台吸引消费者，引导其到线下实体店消费。这种模式结合了线上便捷性和线下体验感。

2. 应用场景

跨境电商企业可以通过 O2O 模式在目标市场开设体验店，增强消费者信任感。

（二）社交电商

1. 定义与特点

社交电商是指通过社交媒体平台进行商品销售的模式。商家利用社交网络的传播效应，吸引消费者购买商品。

2. 应用场景

通过 Facebook、Instagram、微信等社交平台推广商品，利用网红营销、社群运营等方式提升销量。

（三）订阅电商

1. 定义与特点

订阅电商是指消费者通过订阅方式定期购买商品或服务的模式。这种模式通常适用于高频消费品，如食品、化妆品等。

2. 应用场景

跨境电商企业可以通过订阅模式为消费者提供定期配送服务，增强客户黏性。

第六节
跨境电商海关申报格式

跨境电商海关申报是确保货物顺利通关的重要环节，申报格式需要严格按照海关要求填写。

一、申报主体

（一）跨境电商企业

跨境电商企业包括跨境电商平台企业、跨境电商物流企业、跨境电商支付企业等。这些企业需要在海关进行备案登记，取得相应的资质后才能开展跨境电商业务并进行申报。

（二）个人消费者

在一些特定的跨境电商模式下，如个人物品直邮进口，个人消费者也可以作为申报主体。但通常需要委托跨境电商平台或物流企业代为申报。

二、申报内容

（一）基本信息

1. 报关单号

这是海关系统自动生成的唯一编号，用于标识每一票申报的货物。

2. 申报日期

填写实际向海关申报的日期，格式一般为"YYYYMMDD"，例如"20250202"。

3. 申报单位

填写申报主体的名称，如果是企业，应填写企业全称；如果是个人消费者，填写消费者姓名。

4. 联系人及联系方式

填写负责此次申报的联系人的姓名和电话号码，以便海关在需要时能够及时联系。

（二）货物信息

1. 商品名称

填写货物的具体名称，应准确、详细，符合海关商品归类的要求。例如，不能简单地写"服装"，而应写明是"女士棉质连衣裙"。

2. 规格型号

详细描述货物的规格、型号、成分等信息。例如，对于电子产品，应注明品牌、型号、尺寸、颜色等；对于食品，应注明成分、净含量等。

3. 数量及单位

填写货物的实际数量和计量单位，计量单位应符合海关规定，如"件""千克""升"等。

4. 总价及币制

填写货物的总价值和货币单位，货币单位一般为人民币或外币，如美元、欧元等。如果以外币申报，还需要按照当日汇率折算成人民币金额。

5. 原产国（地区）

填写货物的原产国（地区）。

6. 最终目的国（地区）

填写货物最终要到达的国家（地区）。

（三）贸易方式

1. 跨境电商直购进口

适用于境内消费者通过跨境电商平台直接购买境外商品，由境外卖家发货至境内消费者的模式。

2. 跨境电商保税进口

适用于境内消费者通过跨境电商平台购买存放在海关特殊监管区域内的保税货物，由境内物流企业发货至消费者的模式。

3. 跨境电商出口

适用于境内企业通过跨境电商平台将货物销售给境外消费者或境外企业的模式。

（四）运输方式

1. 海运

填写船舶名称、航次等信息。

2. 空运

填写航班号等信息。

3. 陆运

填写车牌号、车次等信息。

4. 邮递

填写邮政包裹的邮件号码等信息。

（五）支付信息

1. 支付方式

填写货款的支付方式，如信用卡支付、第三方支付平台支付等。

2. 支付凭证号码

填写支付凭证号码，如信用卡交易流水号、第三方支付平台的订单号等。

（六）其他信息

1. 海关监管方式代码

根据不同的跨境电商模式，填写相应的海关监管方式代码，如"9610""1210"等。

2. 商品编码

填写货物的海关商品编码，这是海关对货物进行分类和监管的基础。

3. 许可证号

如果货物需要进口或出口许可证，应填写许可证的号码。

4. 随附单证

填写随申报单提交的其他单证的名称和号码，如商业发票、装箱单、原产地证书等。

三、申报形式

（一）电子申报

1. 通过海关电子口岸系统

企业或个人可以通过海关电子口岸系统进行电子申报。登录系统后，按照系统提示填写申报信息，上传相关单证的电子版，提交申报。

2. 通过跨境电商平台系统

一些跨境电商平台会与海关系统对接，消费者或企业可以在平台上直接进行申报操作，平台会将申报信息自动传输至海关系统。

（二）纸质申报

在一些特殊情况下，如电子申报系统故障或海关有要求，申报方需要填写纸质报关单。纸质报关单的格式由海关统一制定，申报方应按照要求填写完整、准确的信息，加盖申报单位公章或个人签名，并附上相关单证的复印件，提交至海关申报窗口。

四、注意事项

（一）信息准确性

在跨境电商交易中，申报信息的真实性和完整性至关重要。企业必须确保提交的申报信息准确无误，涵盖商品的名称、规格、数量、价值以及原产地等所有必要细节。任何隐瞒、虚报或漏报的行为都可能导致严重的后果，包括货物被海关扣留、退运甚至面临行政处罚。海关对申报信息的审核日益严格，企业需建立完善的内部审核机制，确保信息的真实性和完整性，以避免因信息问题导致的清关延误或额外成本。

（二）单证完整性

随附单证的齐全和有效性是清关流程顺利进行的重要保障。企业需确保提交的单证符合海关的要求，包括发票、装箱单、提单、原产地证书等。单证的缺失或不符合要求可能导致海关要求补充材料，甚至退回申报，从而延误货物的通关时间。企业应建立标准化的单证管理流程，确保所有文件的准备和提交符合规定，以提高清关效率，降低因单证问题导致的风险。

（三）及时申报

及时申报是确保货物顺利通关的关键环节。企业应在货物到达口岸或发货前的合理时间内完成申报手续，以避免因申报不及时导致货物滞留口岸。滞留不仅会增加仓储成本，还可能影响供应链的正常运转，给企业带来额外的经济负担和运营风险。企业需合理安排申报时间，与物流和报关代理保持紧密合作，确保申报流程的高效和及时性。

(四)遵守海关规定

不同国家(地区)的海关规定存在显著差异,跨境电商企业必须提前了解并严格遵守目的国或地区的海关要求。这包括关税政策、禁限运物品清单、特殊商品的进口条件等。企业需密切关注目标市场的法规变化,及时调整运营策略和申报流程,以确保货物顺利通关。遵守海关规定不仅是法律的要求,也是企业维护良好商业信誉和客户信任的基础。通过深入了解和严格遵守海关规定,企业可以有效降低合规风险,保障业务的持续稳定发展。

第七节
测试题

一、单选题

1.《中华人民共和国电子商务法》中，电子商务经营者的定义不包括以下哪项？（　　）

A. 通过互联网从事销售商品的自然人

B. 通过互联网从事提供服务的法人

C. 通过互联网从事提供服务的非法人组织

D. 仅通过实体店铺销售商品的商家

2. 以下哪个不是电子商务经营者的登记义务？（　　）

A. 依法办理市场主体登记

B. 无须办理任何登记

C. 向市场监督管理部门提交相关材料

D. 获得合法的经营资格

3. 消费者权益保护中，以下哪个不是《中华人民共和国电子商务法》规定的内容？（　　）

A. 平台内经营者侵犯消费者权益，平台需承担责任

B. 商品和服务信息应真实、准确

C. 经营者应承担退换货责任

D. 消费者需自行承担所有风险

4. 知识产权保护中，以下哪个不是电子商务平台经营者的义务？（　　）

   A. 对平台内经营者的知识产权进行监督

   B. 发现侵权行为应及时采取措施

   C. 无须关注平台内经营者的知识产权情况

   D. 协助权利人维护其合法权益

5. 以下关于《中华人民共和国电子商务法》的描述，正确的是（　　）。

   A. 电子商务经营者仅指通过互联网从事销售商品的法人

   B. 平台内经营者侵犯消费者权益，平台无需承担任何责任

   C. 电子商务经营者不需办理市场主体登记

   D. 电子商务经营者包括通过互联网从事销售商品的自然人、法人和非法人组织

6. 以下哪个不是跨境电商海关申报格式中提到的申报主体？（　　）

   A. 跨境电商平台企业

   B. 个人消费者

   C. 海关工作人员

   D. 跨境电商物流企业

7. 以下哪个不是申报内容中的基本信息？（　　）

   A. 报关单号

   B. 申报日期

   C. 商品名称

   D. 联系人及联系方式

8. 以下哪个不是贸易方式中的选项？（　　）

  A. 跨境电商直购进口

  B. 跨境电商保税进口

  C. 跨境电商出口

  D. 跨境电商转口贸易

9. 以下哪个不是运输方式中的选项？（　　）

  A. 海运

  B. 空运

  C. 陆运

  D. 自行车运输

10. 以下哪个不是申报形式？（　　）

  A. 电子申报

  B. 纸质申报

  C. 口头申报

  D. 通过跨境电商平台系统申报

二、填空题

1. 跨境电商 B2B 出口海外仓的海关监管模式代码是_____。

2.《中华人民共和国电子商务法》规定，处理敏感个人信息须取得用户的_____同意。

3. 跨境电商零售进口商品免征关税的个人年度交易限值为人民币_____元。

4. 欧盟《通用数据保护条例》的英文缩写是_____。

5.《中华人民共和国电子商务法》第十条要求电子商务经营者应当依法办理_____。

6. 中华人民共和国关税法》第三条规定："进口货物的收货人、出口货物的发货人、进境物品的携带人或者收件人，是关税的_____。"

7.消费税是针对特定商品征收的税种，通常适用于_____、奢侈品、高能耗产品等。

8.常见税务风险有_____、转移定价风险、无票费用风险、数据合规风险。

9.《关于完善跨境电子商务零售进口监管有关工作的通知》明确了跨境电商零售进口的定义和条件，要求跨境电商必须是_____模式，商品需在《跨境电子商务零售进口商品清单》内，且限于个人自用。

10.跨境电商 B2B 直接出口的海关监管模式代码是_____。

第六章
中国海关特殊监管区域概述

在中国对外开放和经济全球化进程中，海关特殊监管区域扮演着至关重要的角色。保税区、保税物流园区和综合保税区作为其中的3种主要类型，各自具有独特功能定位、政策优势与管理模式，对中国对外贸易、产业升级及区域经济发展产生深远影响。深入剖析这三者的异同、功能特色以及发展趋势，对于政府优化区域布局与政策制定、企业选择合适区域开展业务均具有重要意义。

第一节
保税区、保税物流园区和综合保税区

一、保税区

保税区作为中国最早设立的海关特殊监管区域，自 1990 年上海外高桥保税区经国务院批准设立以来，便在对外贸易领域发挥着重要作用。其核心功能集中于保税仓储，为进口货物提供暂存空间，使企业能够缓缴关税和增值税，从而灵活安排生产与销售计划，降低资金压力与运营成本。加工贸易也是保税区的重要功能之一，企业可在此对进口原材料进行如组装、分装等初加工工序后复出口，借助国内劳动力资源优势与政策便利，提升产品附加值与国际竞争力。

转口贸易功能使保税区成为国际货物中转站，货物在此可进行分拨、转运至境外其他地区，尤其地理位置优越、交通便利的保税区，能够吸引周边国家（地区）的贸易往来，促进国际贸易流通。商品展示功能则为国际采购商搭建了直观了解产品信息的平台，保税区内的展示中心展示各类商品，助力企业拓展国际客户资源与市场份额。

保税区也存在一定的局限性。其功能相对单一，主要侧重于贸易与简单加工环节，物流功能相对较弱，难以满足现代供应链中对物流效率与综合服务的高要求。此外，保税区内的企业不能直接开展出口退税业务，必须等到货物实际离境后方可办理退税手续，这在一定程度上影响了企业的资金周转速度与出口积极性。

尽管如此，保税区在特定历史时期和经济背景下，为推动中国加工贸易发展、促进国际贸易往来立下了汗马功劳，并且在一些传统加工贸易产业领域仍具有适用性，例如服装加工、电子零部件组装等行业，为相关企业提供了稳定的生产经营场所与政策支持。

二、保税物流园区

随着经济全球化加速与国际贸易规模不断扩大，物流效率成为企业竞争的关键因素之一。保税物流园区应运而生，其设立旨在整合保税区与港区功能，有效解决"区港分离"所带来的物流梗阻问题。以青岛、厦门保税物流园区等为代表，保税物流园区通过与邻近港口的无缝对接，实现了货物的快速进出与高效流转。

在功能定位上，保税物流园区聚焦于国际物流服务，涵盖仓储、分拨、配送、中转等全方位物流环节。企业可在此进行货物的集中存储，并根据不同订单需求灵活安排分拨与配送计划，确保货物能够及时、准确地送达目的地。区港联动优势使得货物在园区与港口之间能够实现快速、便捷的流转，减少了货物在途时间与物流成本，提高了物流运作的整体效率。

保税物流园区还赋予企业一项重要政策便利——出口退税。货物一旦进入保税物流园区，即被视为已出口，企业可立即办理退税手续，这极大地加快了企业的资金回笼速度，增强了企业出口的积极性与竞争力，尤其对于一些资金周转压力较大的中小企业而言，这一政策优势更具吸引力。

保税物流园区为企业提供了简单增值服务，如货物的分拣、包装、贴标等操作，这些服务虽然不涉及复杂的加工制造环节，但却能够提升货物的附加值与市场适应性，满足企业在物流配送环节中的个性化需求。

保税物流园区也并非完美无缺。其制造业功能相对薄弱，政策导向并不鼓励大规模的加工制造活动，这在一定程度上限制了园区产业多元化发展与综合经济效益的提升。但从整体来看，保税物流园区在优化物流布局、提升物流效率方面所发挥的作用不可忽视，尤其适合国际物流企业以及对出口退税时效性要求较高的出口商。

三、综合保税区

综合保税区是中国海关特殊监管区域中的集大成者，自 2006 年后通过整合升级逐步发展而来，其功能之全面、政策之优惠堪称保税区、保税物流园区和综合保税区三者之最。在加工制造方面，综合保税区不仅允许企业开展传统的加工贸易，更鼓励高端制造业、维修业务与研发创新活动的入驻。例如，芯片制造、医疗器械生产等高技术含量、高附加值的产业在综合保税区内蓬勃发展，借助园区的政策优势与配套基础设施，企业能够降低生产成本、缩短研发周期、提升在全球产业链中的地位。

物流分拨功能在综合保税区同样得到强化与拓展，综合保税区涵盖了国际中转、保税仓储、供应链管理等多元化业务。园区内的物流企业能够依托先进的信息技术与物流设施，为全球客户提供一站式的物流解决方案，实现货物在全球范围内的高效配置与流转。同时，综合保税区积极拓展贸易服务领域，跨境电商、融资租赁、期货交割等新型贸易业态在此蓬勃发展，为企业开拓国际市场、创新商业模式提供了广阔空间。

检测维修功能也是综合保税区的一大特色，企业可在此对进口设备进行专业检测与维修，并将修复后的设备复运出境，这不仅满足了国内市场对高端设备维护的需求，也促进了相关技术人才的集聚与培养。

在政策层面，综合保税区企业享受"免税、保税、退税"多重优惠政策。更为突出的是，园区试点增值税一般纳税人资格，允许内销货物按比例征税，这一政策突破使得企业能够在保税与非保税业务之间灵活切换，有效整合国内国际两个市场资源，拓展业务边界。同时，综合保税区可开展跨境电子商务零售进口业务（"1210"模式），为跨境电商企业提供了更加便捷、规范的发展环境，推动了中国跨境电商行业的迅猛发展。

从区域布局来看，综合保税区的设立更加灵活，既可位于沿海开放前沿地带，也能在内陆地区落地生根，有力地促进了区域经济的均衡发展与产业梯度转移。在管理模式上，综合保税区采用高度集成化、数字化的监管手段，通过信息技术与海关监管的深度融合，实现对园区内企业运营与货物流转的精准监管与高效服务，提升了整体管理效能与贸易便利化水平。

第二节
三者的比较与应用场景

一、三者的比较

(一) 功能侧重

从功能侧重来看，保税区主要聚焦于贸易与简单加工；保税物流园区则以国际物流与分拨为核心；综合保税区涵盖了全产业链，包括加工、物流与服务等多元领域，能够满足不同类型企业的多样化业务需求。

(二) 政策优势

在政策优势方面，保税区提供保税仓储与缓税政策；保税物流园区突出入区即退税与区港联动便利；综合保税区集免税、退税与内销便利化政策于一身，为企业创造了更为优越的政策环境。

(三) 产业定位

在产业定位上，保税区适合传统加工贸易产业，保税物流园区是物流枢纽的理想选址，综合保税区则吸引高端制造业与新型贸易业态入驻。

(四) 区域位置

区域位置的差异也决定了三者在业务辐射范围与物流成本方面的不同，保税区多为独立区域，保税物流园区紧邻港口或机场，综合保税区则可根据实际情况灵活布局于内陆或沿海地区。

管理模式的演变体现了监管效率的提升，从保税区的单一监管，到保税物流园区的物流专项监管，再到综合保税区的高度集成化、数字化监管，反映了中国海关特殊监管区域管理理念与技术的不断进步。三者之间的综合比较如表 6-1 所示。

表 6-1 保税区、保税物流园区、综合保税区之间的比较

维度	保税区	保税物流园区	综合保税区
功能侧重	贸易、简单加工	国际物流、分拨	全产业链（加工、物流、服务）
政策优势	保税仓储、缓税	入区即退税、区港联动	免税、退税、内销便利化
产业定位	传统加工贸易	物流枢纽	高端制造、新型贸易
区域位置	独立区域	紧邻港口或机场	可设在内陆或沿海地区

二、应用场景

在实际应用场景中，不同类型的企业应根据自身业务特点与需求选择合适的区域。对于原材料进口后进行简单加工再出口的企业，如服装加工、电子零部件组装等企业，保税区能够提供稳定的生产经营场所与政策支持，满足其基本的保税仓储与加工贸易需求。国际物流企业以及对出口退税时效性要求较高的出口商，则更倾向于选择保税物流园区，借助其高效的物流服务、区港联动优势与及时的退税政策，降低物流成本、加快资金周转。而综合保税区凭借其功能的全面性与政策的灵活性，成为高附加值制造企业（如半导体产业）、跨境电商企业以及开展全球维修等复杂业务企业的首选之地，能够为企业提供全方位、多层次的发展平台，助力企业在全球产业链中迈向高端环节。

第三节
发展趋势分析与未来展望

一、发展趋势分析

近年来，综合保税区凭借其功能全面性与政策灵活性，逐步成为中国海关特殊监管区域的主流发展方向，正在逐步替代传统保税区及物流园区。这一趋势反映了中国经济结构转型升级、全球产业链深度调整以及贸易便利化需求不断提升的内在要求。2022年后，中国积极推动综合保税区与自贸试验区政策联动，进一步扩大开放试点领域与创新空间。在生物医药研发方面，综合保税区为企业提供了更加宽松的政策环境与完善的配套基础设施，吸引了众多生物医药创新企业入驻，加速了新药研发进程，提升了中国在全球生物医药领域的竞争力。文化艺术品保税展示业务也在综合保税区内蓬勃发展，不仅丰富了国内文化市场供给，促进了文化产业的交流与融合，也为相关企业创造了新的商业机遇与经济增长点。

二、未来展望

随着科技的不断进步与全球经济格局的持续演变，中国海关特殊监管区域有望在智能化、绿色化与国际化等方面实现新的突破。

（一）智能化

智能化方面，借助大数据、人工智能、物联网等前沿技术，进一步优化园区管理与服务，提升物流效率、海关监管精准度与企业运营便利化水平，打造智慧型特殊监管区域典范。

（二）绿色化

绿色化发展将成为重要趋势，园区将加大对新能源、节能环保技术的应用与推广，引导企业开展绿色生产、绿色物流活动，降低能源消耗与环境污染，实现经济与环境的和谐共生。

（三）国际化

在国际化进程中，中国海关特殊监管区域将继续深化与全球其他国家（地区）在贸易、投资、科技等领域的合作交流，积极参与国际规则制定与标准体系建设，提升在全球经济治理中的话语权与影响力，为中国企业"走出去"与外资企业"引进来"搭建更加稳固、高效的桥梁与平台，助力中国经济在更高层次、更广领域融入世界经济体系，实现高质量发展与互利共赢。

第四节
测试题

一、单选题

1. 保税区自（　　）年上海外高桥保税区经国务院批准设立以来，在对外贸易领域发挥着重要作用。

    A. 1980

    B. 1990

    C. 2000

    D. 2010

2. 保税区的核心功能集中于（　　），为进口货物提供暂存空间。

    A. 保税加工

    B. 保税仓储

    C. 货物运输

    D. 商品零售

3. 保税区的加工贸易功能主要对进口原材料进行（　　）等初加工工序后复出口。

    A. 高端制造

    B. 组装、分装

C. 精密仪器研发

D. 生物医药研发

4. 保税区的转口贸易功能使其成为国际货物（　　）。

    A. 生产基地

    B. 中转站

    C. 消费市场

    D. 加工中心

5. 保税区的商品展示功能为国际采购商搭建了（　　）的平台。

    A. 了解产品信息

    B. 金融投资

    C. 文化交流

    D. 旅游观光

6. 保税区内企业不能直接开展出口退税业务，必须等到货物（　　）后方可办理退税手续。

    A. 进入保税区

    B. 实际离境

    C. 在保税区展示

    D. 进行转口贸易

7. 保税物流园区设立旨在整合保税区与（　　）功能，有效解决"区港分离"问题。

    A. 机场

    B. 港区

    C. 经济特区

    D. 开发区

8. 保税物流园区在功能定位上聚焦于（　　）服务。

　　A. 国内零售

　　B. 国际物流

　　C. 高端制造

　　D. 文化产业

9. 出口货物进入保税物流园区，企业可立即办理（　　）手续。

　　A. 出口退税

　　B. 进口报关

　　C. 增值税缴纳

　　D. 个人所得税减免

10. 综合保税区是中国海关特殊监管区域中的（　　）。

　　A. 初级形态

　　B. 中级形态

　　C. 高级形态

　　D. 过渡形态

二、多选题

1. 保税区的主要功能包括（　　）。

　　A. 保税仓储

　　B. 加工贸易

　　C. 转口贸易

　　D. 商品展示

2. 保税区的局限性体现在（　　）。

　　A. 功能相对单一

　　B. 物流功能较弱

C. 企业不能直接开展出口退税业务

D. 地理位置偏远

3. 保税物流园区的功能定位涵盖（　　）。

　　A. 仓储

　　B. 分拨

　　C. 配送

　　D. 中转

4. 保税物流园区的政策便利包括（　　）。

　　A. 出口退税

　　B. 区港联动

　　C. 简单增值服务

　　D. 高端制造

5. 综合保税区的功能包括（　　）。

　　A. 加工制造

　　B. 物流分拨

　　C. 贸易服务

　　D. 检测维修

6. 综合保税区的政策优势有（　　）。

　　A. 免税

　　B. 退税

　　C. 内销便利化

　　D. 个人所得税优惠

7. 综合保税区适合的产业类型包括（　　）。

　　A. 高端制造业

B. 新型贸易业态

C. 传统农业

D. 房地产业

8. 从区域布局来看，综合保税区可设在（　　）。

A. 沿海开放前沿地带

B. 内陆地区

C. 国家公园

D. 水源保护区

9. 保税区、保税物流园区、综合保税区功能侧重各有不同，其中保税区主要聚焦于（　　）。

A. 贸易

B. 简单加工

C. 国际物流

D. 分拨

10. 在产业定位上，综合保税区吸引（　　）入驻。

A. 高端制造业

B. 新型贸易业态

C. 传统加工贸易产业

D. 物流枢纽

三、填空题

1. 保税区是经_____批准设立的、海关实施特殊监管的经济区域，具有保税仓储、加工贸易、转口贸易和商品展示等功能。

2. 保税区、保税物流园区和综合保税区三者中功能最全面、政策最优惠的是_____。

3. 保税物流园区的核心功能是国际物流与_____。

4. 在保税区内，企业可对进口原材料进行_____后复出口，享受国内劳动力资源优势与政策便利。

5. 综合保税区可开展的跨境电商零售进口模式代码是_____。

6. 未来中国海关特殊监管区域将重点发展_____化与绿色化。

7. 保税区暂缓缴纳的税种包括_____和增值税

8. 保税物流园区在功能定位上聚焦于_____服务。

9. 保税区的_____功能相对较弱，难以满足现代供应链中对物流效率与综合服务的高要求。

10. 综合保税区企业享受"_____"多重优惠政策。

第七章

跨境电商风险合规管理

随着跨境电商的迅速崛起,风险与合规管理成为企业稳健发展的关键。本章聚焦主要出口目的国家(地区)的风险分析,介绍虚假贸易的认定方法,剖析跨境电商发展中的难点,并通过典型案例揭示风险背后的深层原因;为读者提供全面的风险防控策略和合规管理建议,助力企业在复杂多变的国际市场中行稳致远。

第一节
跨境电商主要出口目的国家（地区）的风险分析

随着全球电商市场的蓬勃发展，跨境电商已成为国际贸易中不可或缺的一部分。中国作为全球制造业和出口大国，在跨境电商领域占据重要地位。然而，不同国家（地区）的市场环境、政策法规、消费者行为等存在显著差异，这使得中国跨境电商企业面临着多样化的风险与挑战。深入分析主要出口国家（地区）的风险因素，对于企业制定有效的风险管理策略、提升市场竞争力具有至关重要的意义。

一、美国市场风险分析

美国作为中国跨境电商出口的重要目的地，其市场具有成熟度高、消费能力强的特点，但也伴随着一些风险。

（一）政策风险

美国政府在贸易保护主义抬头的背景下，出台了一系列贸易保护政策，如加征关税、加强进口商品审查等，这增加了中国跨境电商企业的出口成本和合规风险。此外，美国对跨境电商的税收政策也在不断调整，企业需要密切关注相关政策变化，以避免因税务问题而遭受损失。

（二）市场竞争风险

美国电商市场竞争激烈，亚马逊等本土电商平台占据主导地位，同时TikTok、

Temu 和 Shein 等新兴跨境电商平台也在迅速崛起，加剧了市场竞争。这可能导致市场份额的重新分配，以及产品价格的下降，从而影响企业的盈利水平。

（三）消费者行为风险

美国消费者在经济下行期，消费行为趋于保守，更倾向于购买性价比高的商品。这可能使得消费者对一些高端产品的需求下降，而低价商品的竞争更加激烈。

二、欧洲市场风险分析

欧洲市场同样是中国跨境电商的重要出口地，其电商环境成熟，但也存在一些风险因素。

（一）经济形势风险

欧洲经济面临诸多挑战，如通货膨胀、经济增长放缓等，这可能影响消费者的购买力和消费意愿。此外，欧洲部分国家还面临债务危机等经济问题，增加了市场的不确定性。

（二）政策法规风险

欧洲各国的政策法规较为严格，包括产品标准、环保要求、数据保护等方面。企业需要投入更多资源来确保产品符合当地法规，否则可能面临产品被退回、罚款甚至法律诉讼等风险。

（三）物流配送风险

欧洲的物流配送网络虽然较为发达，但在一些偏远地区，物流成本较高，配送时间较长。此外，物流服务商的服务质量参差不齐，可能导致货物丢失、损坏等问题。

三、东南亚市场风险分析

近年来东南亚市场电商发展迅速，但同样存在一些风险。

（一）市场成熟度风险

相比欧美市场，东南亚电商市场尚处于发展阶段，市场规则和基础设施还不够完善。这可能导致企业在市场拓展过程中面临更多的不确定性，如支付体系不健全、物流配送效率低下等。

（二）政策法规风险

东南亚各国的政策法规差异较大，且部分国家的政策稳定性不足。企业需要深入了解并遵守当地的相关法规，以避免因不合规问题遭受损失。

（三）物流配送风险

东南亚地区的物流配送成本相对较高，且物流基础设施有待进一步完善。这可能导致货物运输时间较长，影响消费者的购物体验，进而影响企业的销售业绩。

四、日本市场风险分析

日本是中国跨境电商出口的重要目的地之一，其市场具有较高的潜力，但也伴随着一些风险。

（一）税务风险

日本的税务政策较为复杂，从 2020 年 4 月起，日本海关开始针对中国电商货物采取"逆算法"征收关税。当日本海关无法判断申报金额或贸易流程时，有权要求申报方按照逆算法则来修改申报金额进行纳税。这要求企业必须准确了解并遵守日本的税收政策，否则可能面临税务问题和高额罚款。

（二）通关风险

日本海关对进口货物的查验力度较大，监管较为严格。企业需要确保货物符合日本的各项法规和标准，否则可能面临通关受阻、货物滞留等问题。

（三）信息保护风险

日本对于个人信息保护有严格的要求，RCEP 电子商务规则中也对线上个人信息的保护提出了明确要求。企业需要确保在数据收集、存储和使用过程中符合日本的法律法规，避免因违规而遭受处罚。

五、韩国市场风险分析

韩国作为中国跨境电商的重要出口国，其市场同样具有一定的风险。

（一）政策风险

韩国政府为了保护本土企业，可能会对进口商品实施更严格的监管措施，包括加强进口商品的检验检疫、提高进口商品的税收等。这可能增加企业的运营成本和合规风险。

（二）市场竞争风险

韩国电商市场竞争激烈，本土电商平台如酷澎（Coupang）等具有较强的市场地位。此外，韩国消费者对产品质量和品牌的要求较高，企业需要在产品质量、品牌形象和服务等方面不断提升竞争力。

（三）消费者行为风险

韩国消费者在购买商品时，对产品的质量、安全性和品牌知名度有较高的要求。企业需要深入了解韩国消费者的需求和偏好，提供符合当地市场的产品和服务，以提高市场占有率。

六、小结

企业在全球化市场中需要根据目标市场的特点制定相应的风险管理策略，以降低风险对业务的影响。目标市场可能具有不同的政治、经济、文化和社会环境，这些因素可能带来不确定性与潜在风险。企业应通过系统化的风险评估，识别目标市场中的主要风险点，并制定灵活的应对措施。风险管理策略应具备动态调整能力，以适应市场环境的快速变化，确保企业在复杂多变的市场中保持稳定运营。

同时，企业应加强市场调研，深入了解目标市场的需求和消费者行为。市场调研是企业适应市场变化、提升竞争力的关键手段。通过调研，企业可以掌握消费者偏好的变化趋势、竞争对手的动态以及市场准入的壁垒。这些信息有助于企业优化产品设计、调整营销策略，并制订符合市场需求的运营计划。此外，市场调研还能帮助企业识别潜在的市场机会，提前布局新兴领域，从而在竞争中占据优势。

第二节
跨境电商虚假贸易认定方法

一、贸易背景真实性

（一）合同审查

检查贸易合同的真实性，包括合同条款是否合理、合同签订双方的信息是否准确等。若合同中存在模糊不清的条款，或者合同双方根本不具备履行合同的能力和条件，可能存在虚假贸易的嫌疑。

（二）交易方调查

核实交易方公司是否存在及经营实力。可以通过查询公司注册信息、经营状况、信用记录等方式，判断其是否为真实可靠的贸易伙伴。如果交易方公司是虚构的，或者虽存在但经营状况异常，如长期亏损、频繁变更地址等，可能意味着贸易情况不真实。

（三）交易定价合理性判断

分析交易定价是否符合市场行情和产品价值。如果交易价格明显偏高或偏低，与正常市场价格相差甚远，且无法提供合理的解释，这可能是为了制造虚假贸易流水或进行非法资金转移。

二、单证真实性

（一）单据审查

仔细核查提单、箱单、报关单、发票、装箱单等各类单证的真实性。查看单证是否存在伪造、篡改的痕迹，比如签名、盖章是否真实，单据上的信息是否前后一致、逻辑相符。例如，提单上的货物数量、运输路线等信息与实际情况不符，或者发票金额与合同金额不一致，都可能是虚假贸易的迹象。

（二）与货物流向核对

将单证信息与实际货物流向进行对比。确认货物的实际装运情况、运输路径、到达地点等是否与单证所描述的一致。如果单证显示货物已发出，但实际物流信息却无法追踪到相应的运输记录，或者货物的实际流向与单证描述不符，就可能存在虚假贸易行为。

三、物流信息

（一）物流数据查询

借助第三方物流数据查询平台，核实货物的实际装运和流向情况。查看物流信息是否完整、准确，包括货物的发货时间、运输状态、签收情况等。如果物流数据存在缺失、异常或与其他信息矛盾，可能表明贸易存在问题。

（二）实地查证

必要时，实地走访公司、货场、码头等相关场所，查证贸易环节的真实情况。检查是否有实际的货物存储、装卸、运输等活动，以及货物的数量、质量是否与贸易单证相符。例如，在货场发现实际货物数量远远少于单证上的数量，或者根本没有货物，就可以认定存在虚假贸易行为。

四、资金流向

（一）支付结算审查

跟踪货款的实际支付流向，查明资金的来源和去向。检查支付方式是否正常、合法，资金是否按照合同约定的方式和时间进行支付。如果发现资金回流、转移等异常情况，比如货款支付后又通过其他途径回到付款方或关联方账户，就可能存在虚假贸易以套取资金的行为。

（二）银行记录分析

分析相关银行账户的交易记录，查看资金的收支情况是否与贸易活动相符。注意是否存在大额资金频繁进出、资金往来与贸易业务无关等异常现象。例如，一个跨境电商企业的银行账户在短期内有大量资金快速进出，交易对手众多且分散，与正常的贸易结算模式不符，可能涉及虚假贸易。

五、交易频率和模式

（一）异常交易频率

关注交易频率是否过高或过低，与正常的商业规律不符。如果一个企业在短期内突然大量开展贸易业务，且交易量远远超出其以往的经营规模和能力，或者长期没有实质性的贸易活动，却突然出现大额交易，都可能是虚假贸易的信号。

（二）异常交易模式

分析交易模式是否存在异常。例如，交易双方总是在特定的时间、地点进行交易，或者交易的方式、流程过于复杂或不合理，都可能暗示着背后存在虚假贸易。

六、买卖双方背景

（一）关联关系调查

审查买卖双方是否存在关联关系，如是否为同一实际控制人、是否存在股权交叉等。如果买卖双方存在密切的关联关系，且交易价格、方式等存在异常，可能是通过虚假贸易来操纵利润、转移资金或逃避税收。

（二）交易历史和信誉

了解买卖双方的交易历史和信誉情况。如果一方或双方在过去有过不良的商业记录，如频繁涉及纠纷、违约等，或者在行业内声誉不佳，那么其参与的跨境电商贸易的真实性也可能受到质疑。

第三节
跨境电商发展特点

一、跨境电商企业对平台及物流服务的依赖度较高

跨境电商企业在发展过程中面临多方面的挑战与机遇。一方面，由于自主搭建平台需要较高的技术成本来实现高效的订单管理和与支付平台、海关电子口岸等系统的对接，多数企业选择与京东国际、天猫国际等成熟的头部电商平台合作，借助其完善的基础设施和技术支持来降低运营风险。另一方面，高效的仓储物流服务是跨境电商经营的核心保障，跨境电商行业提出了"供应链前置"理念，通过整合供应链资源，推动市场发展。

例如，仓储企业提供的"一件代发"服务，让跨境电商企业只需专注于商品销售，而由保税仓库及相关供应链企业提供货物管理、包装、快递以及申报通关等全流程服务。此外，跨境电商的运营成本受到产业环境的显著影响，订单零散导致物流费用、地方补贴政策和配套服务集中度成为影响成本的关键因素。经调研发现，以天津口岸保税电商业务为例，委托仓储企业"一件代发"时，每票订单平均成本约为13元；而在江浙地区，由于行业集中效应明显，上述费用可降低至每单5~6元，这种成本优势进一步吸引企业集中入驻和行业资源整合。

二、跨境电商的推广销售渠道复杂多样

经营跨境电商零售，重点要解决市场推广和销售渠道的问题。在调研中发现，

由于国内跨境电商市场环境成熟，从金融服务、管理、运营、媒体宣传到销售解决方案，已形成一整套完善的服务产业链。

通常情况下，中小型跨境电商企业要形成有效的市场竞争力，难以依靠自主经营抢夺流量，因此可选择的方案主要有 3 个：一是与头部跨境电商平台合作，如入驻知名平台，借助其庞大的用户基础和成熟的运营体系，快速提升品牌曝光度和销售量；二是选择专业的跨境服务商，制定个性化策略，进行品牌塑造和销售渠道拓展；三是通过直播"带货"平台等进行宣传和分销，利用平台互动性强、转化率高的特点，进一步扩大市场影响力、降低获客成本、提升品牌竞争力。

三、企业存在多种合作经营关系

基于以上特点，跨境电商的参与者已经细分到各个领域，并形成了复杂多样的合作经营关系。例如，中小规模的电商企业在与平台企业、供应链企业、金融及各种运营服务商的合作中，业务主导权逐渐向头部经济体转移；同时，借助各种流量平台的"推单""引流"销售，形成了分销和代销的关系，甚至出现了物权、处置权的转移。部分跨境电商企业仅负责进口货物的货源渠道，而将订单销售、市场运维等环节交由代理企业操作。

第四节
跨境电商典型案例

案例一：走私、偷税漏税

2021年，某跨境电商公司为追求高额利润，通过伪造交易数据、低报商品价格等非法手段走私奢侈品，涉案金额高达20多亿元。海关在常规检查中发现其申报数据与实际货物严重不符，经深入调查后掌握了确凿证据。该公司企业负责人被追究刑事责任，判处有期徒刑，并处罚金，同时涉案的非法所得被依法没收。

相关法条及解析：

《中华人民共和国海关法》规定进口货物的收货人、出口货物的发货人应当依法向海关如实申报，并交验进出口许可证件和有关单证，缴纳关税和其他税费。《中华人民共和国刑法》第一百五十三条规定："……（一）走私货物、物品偷逃应缴税额较大或者一年内曾因走私被给予二次行政处罚后又走私的，处三年以下有期徒刑或者拘役，并处偷逃应缴税额一倍以上五倍以下罚金。（二）走私货物、物品偷逃应缴税额巨大或者有其他严重情节的，处三年以上十年以下有期徒刑，并处偷逃应缴税额一倍以上五倍以下罚金。（三）走私货物、物品偷逃应缴税额特别巨大或者有其他特别严重情节的，处十年以上有期徒刑或者无期徒刑，并处偷逃应缴税额一倍以上五倍以下罚金或者没收财产。"

此案例警示跨境电商企业，偷税漏税行为不仅损害国家税收利益，也破坏了市场的公平竞争环境。企业应严格遵守海关法规和税收政策，如实申报商品信息，选择合规的运营模式，如保税仓或直邮模式，并定期进行税务合规审计，确保经营活动合法合规，以维护企业的长期稳定发展和行业的良好秩序。

案例二：知识产权侵权

2022年，美国某知名箱包品牌发现某中国跨境电商卖家在亚马逊、eBay 等平台大量销售仿冒其商标的箱包，严重侵害了其知识产权和商业利益。品牌方通过收集证据，向法院提起诉讼。法院依据相关法律法规和平台规则，判决卖家赔偿品牌方 500 万元经济损失，并责令其立即下架所有侵权商品，关闭相关侵权链接，同时对卖家的侵权行为进行了曝光，以维护市场秩序和知识产权保护环境。

相关法条及解析：

《中华人民共和国商标法》第五十七条规定，未经商标注册人的许可，在同一种商品上使用与其注册商标相同的商标的；未经商标注册人的许可，在同一种商品上使用与其注册商标近似的商标，或者在类似商品上使用与其注册商标相同或者近似的商标，容易导致混淆的；销售侵犯注册商标专用权的商品的等行为均属侵犯注册商标专用权。平台知识产权政策也明确禁止销售仿冒商品，要求卖家尊重和保护知识产权。

该案例凸显了跨境电商中知识产权保护的重要性。知识产权是企业核心竞争力的重要组成部分，保护知识产权就是保护创新。卖家在上架商品前应仔细核查商品的专利、商标权属情况，确保所售商品不侵犯他人知识产权，积极获取品牌授权或发展自主品牌，提升自身的核心竞争力。同时，定期监测平台侵权投诉，及时处理潜在的知识产权纠纷，有助于维护企业的良好声誉和行业的创新生态。

案例三：虚假宣传与假货

2020年，国内某商家看到疫情期间口罩市场需求激增，为牟取暴利，在其独立站宣称销售的是美国食品药物管理局认证的口罩，但实际销售的却是没有任何质量保障的三无产品。美国消费者在购买使用后发现产品质量严重不符，遂发起集体诉讼。经过调查取证，法院认定该商家违反了相关法律法规，存在虚假宣传和销售伪劣产品的行为，判决商家向消费者进行赔偿，并关停其违法经营的网站，以维护消费者权益和市场秩序。

相关法条及解析：

《中华人民共和国广告法》第四条规定："广告不得含有虚假或者引人误解的内容，不得欺骗、误导消费者。广告主应当对广告内容的真实性负责。"《中华人民共和国刑法》第一百四十条规定："生产者、销售者在产品中掺杂、掺假，以假充真，以次充好或者以不合格产品冒充合格产品，销售金额五万元以上不满二十万元的，处二年以下有期徒刑或者拘役，并处或者单处销售金额百分之五十以上二倍以下罚金；销售金额二十万元以上不满五十万元的，处二年以上七年以下有期徒刑，并处销售金额百分之五十以上二倍以下罚金；销售金额五十万元以上不满二百万元的，处七年以上有期徒刑，并处销售金额百分之五十以上二倍以下罚金；销售金额二百万元以上的，处十五年有期徒刑或者无期徒刑，并处销售金额百分之五十以上二倍以下罚金或者没收财产。"

此案例警示商家在跨境电商中应坚守诚信经营的原则，确保宣传内容与商品实际一致，不得以虚假宣传和假冒伪劣产品欺骗消费者。商家应提供完整准确的质检报告及认证信息，建立完善的消费者退换货机制，保障消费者的合法权益。这不仅有助于提升商家自身的信誉和口碑，也能促进整个跨境电商行业的健康、可持续发展，增强消费者对跨境电商平台的信任。

案例四：非法支付与洗钱

2019年，某跨境支付平台在未取得合法牌照的情况下，为多个赌博网站提供资金结算服务，涉案金额超过10亿元。该平台的非法行为被监管部门发现后，负责人被以非法经营罪判处有期徒刑，并处以罚金，同时涉案的非法资金被依法追缴，平台也被责令停止运营，相关业务被取缔，以打击金融领域的违法犯罪活动，维护金融秩序的稳定。

相关法条及解析：

《非银行支付机构监督管理条例》第六条规定，"设立非银行支付机构，应当经中国人民银行批准，取得支付业务许可"；"未经依法批准，任何单位和个人不得从事或者变相从事支付业务，不得在单位名称和经营范围中使用'支付'字样，法律、行政法规和国家另有规定的除外"。《中华人民共和国刑法》第二百二十五条规定："违反国家规定，有下列非法经营行为之一，扰乱市场秩序，情节严重的，处五年以下有期徒刑或者拘役，并处或者单处违法所得一倍以上五倍以下罚金；情节特别严重的，处五年以上有期徒刑，并处违法所得一倍以上五倍以下罚金或者没收财产：（一）未经许可经营法律、行政法规规定的专营、专卖物品或者其他限制买卖的物品的；（二）买卖进出口许可证、进出口原产地证明以及其他法律、行政法规规定的经营许可证或者批准文件的；（三）未经国家有关主管部门批准非法经营证券、期货、保险业务的，或者非法从事资金支付结算业务的；（四）其他严重扰乱市场秩序的非法经营行为。"

该案例提醒跨境电商企业要高度重视支付业务的合法性，严格遵守支付结算相关法规。选择与持牌跨境支付机构合作，确保资金流转的安全和合规。同时，企业应建立严密的交易监控系统，对异常交易流水进行实时监控和分析，及时发现并防范洗钱等违法犯罪行为。此外，要严格遵守外汇管制规定，避免非法跨境资金流动，维护国家金融安全和经济稳定。

案例五：数据隐私违规

2023 年，某跨境电商 App 在运营过程中，未经用户明确同意，违规收集欧盟用户的数据，并且未向用户充分告知数据收集的目的、用途等信息。欧盟相关监管机构依据《通用数据保护条例》（GDPR）对该 App 运营公司进行了调查，并最终处以 200 万欧元的罚款。同时，要求该公司立即整改，完善用户隐私政策，加强对数据收集、存储和使用的管理，以保护用户数据隐私安全。

相关法条及解析：

《中华人民共和国个人信息保护法》规定，"处理个人信息应当具有明确、合理的目的，并应当与处理目的直接相关，采取对个人权益影响最小的方式"；"处理个人信息应当遵循合法、正当、必要和诚信原则"；"处理敏感个人信息应当取得个人的单独同意"等。欧盟 GDPR 规定，数据控制者和处理者在处理个人数据时，必须遵循合法性、公平性和透明性原则，明确告知数据主体数据处理的目的、方式、范围等信息，并获得数据主体的同意；违反规定的，将面临高额罚款，最高可达企业全球年营业额的 4%。

此案例凸显了在跨境电商中遵守数据隐私法规的重要性。随着数字经济的发展，用户数据隐私保护已成为全球关注的焦点。企业应明确用户隐私政策，以清晰、易懂的方式向用户告知数据收集和使用规则，并获取用户的明确授权。同时，要限制敏感数据的收集范围，遵循数据最小化原则，只收集业务所需的必要数据。定期进行数据安全评估，加强数据保护技术措施和管理措施，防止数据泄露等安全事件的发生，维护用户的合法权益和企业的良好形象。

案例六：销售违禁品

2021 年，某卖家为拓展业务，通过其独立站向澳大利亚邮寄电子烟。然而，澳大利亚当地法规明确禁止尼古丁产品的进口，该卖家因未提前了解目标市场的法律法规，导致货物在入境时被海关扣留，卖家本人也面临刑事指控。经过法律程序，该卖家被判处相应的刑罚，并承担了因违法销售违禁品而产生的经济损失和声誉损害。

相关法条及解析：

各国（地区）的《禁止进出口货物目录》及海关法规明确规定了禁止进出口的商品种类，如毒品、武器、未经许可的药品等。以澳大利亚为例，其海关法规严格禁止尼古丁产品等未经许可的药品进口，违反者将面临货物没收、罚款甚至刑事起诉等处罚。

该案例警示跨境电商企业必须充分了解并严格遵守目标市场的法律法规，提前调研目标市场禁售商品清单，避免销售违禁品。企业应与合规的物流商合作，利用其专业的清关能力和对目标市场法规的熟悉程度，确保货物顺利通关。同时，要加强对敏感品类商品的管理，避免运输药品、武器等敏感品，防止因违法销售违禁品而导致的法律风险和商业损失，维护企业的合法经营形象和行业的健康发展。

案例七："刷单炒信"

2022 年，亚马逊平台发现部分中国卖家为提升店铺排名和商品销量，通过组织虚假交易、刷单等方式制造虚假的好评和销量数据。这种不正当竞争行为严重扰乱了平台的正常经营秩序，损害了其他诚信卖家和消费者的合法权益。经过调查核实，亚马逊封禁了超过 300 个涉及"刷单炒信"的中国卖家账号，部分商家被平台永久拉黑，无法再次入驻，同时面临经济和商业信誉的严重受损。

相关法条及解析：

《中华人民共和国反不正当竞争法》第八条规定："经营者不得对其商品的性能、功能、质量、销售状况、用户评价、曾获荣誉等作虚假或者引人误解的商业宣传，欺骗、误导消费者。经营者不得通过组织虚假交易等方式，帮助其他经营者进行虚假或者引人误解的商业宣传。"平台规则也明确禁止"刷单炒信"等虚假交易行为，违反者将面临账号封禁、限制销售等处罚。

此案例提醒跨境电商企业应秉持诚信经营的原则，通过优化产品品质和服务质量来提升自然流量和用户口碑，禁止员工或第三方进行刷单等不正当竞争行为。同时，要密切关注平台规则的更新和变化，及时调整自身的运营策略，确保经营活动符合法律法规和平台要求。这不仅有助于维护公平竞争的市场环境，保护消费者权益，也能提升企业的长期竞争力和可持续发展能力，促进跨境电商行业的良性发展。

第五节
跨境电商走私风险解析

由于我国针对跨境电商零售进口暂行"跨境电子商务零售进口商品的单次交易限值为人民币5000元,个人年度交易限值为人民币2.6万元。在限值以内的跨境电商零售进口商品,关税税率暂设为0;进口环节增值税、消费税暂按法定应纳税额的70%征收"的优惠政策,在巨大的利益驱动下也产生了很多新的违法走私手段。

一、将一般贸易货物伪报为跨境电商货物

跨境电商伪报情况及内容描述如表7-1所示。

表7-1 伪报情况及内容描述

序号	情况	内容描述
1	一般贸易货物	货物原本应通过一般贸易方式进口
2	伪造跨境电商交易信息	通过伪造订单、支付单、运单等"三单"信息,将一般贸易货物伪报为跨境电商商品
3	向海关申报进口	利用伪造的信息向海关申报,伪报贸易方式
4	刷单出区	货物通过跨境电商渠道出区,进入境内
5	境内另行出售牟利	货物在境内销售,逃避一般贸易的高税率和许可证件要求
6	偷逃国家税款及许可证件	通过伪报贸易方式,偷逃税款和规避监管
7	违法行为甄别	海关或相关部门对违法行为进行甄别和调查

表 7-1　续

序号	情况	内容描述
8	违反《中华人民共和国电子商务法》及海关监管规定	确认行为违反《中华人民共和国电子商务法》及相关海关监管规定
9	构成走私普通货物罪	根据《中华人民共和国刑法》相关规定，行为构成走私犯罪
10	司法认定"明知"为走私行为	司法实践中认定行为人是否明知其行为为走私行为
11	追究刑事责任	最终追究刑事责任

跨境电商伪报贸易模式，是指通过电商平台及网站伪造跨境电商交易，将实际为一般贸易的货物伪报为跨境电商商品，并以虚假的订单、支付单、运单（即"三单"）信息向海关申报进口，刷单出区后在境内另行出售牟利。这种违法模式的主观目的是偷逃国家税款及逃避许可证件要求，违法主观恶性大，除伪报贸易方式外，通常还伴随低报价格行为。从全国查发的案例来看，该模式涉及境外供货商、境内实际货主以及物流仓储、平台企业、支付企业等整个链条上的串通行为，对海关监管秩序的破坏力较强。

近年来，跨境电商蓬勃发展。尽管跨境电商突破了传统贸易制度和惯例的限制，推动了贸易的全球化、信息化和便利化，但其也对海关传统监管模式提出了新的挑战。部分跨境电商经营者故意规避监管，通过涉税走私等手段牟取不正当利益。刷单是实践中最常见的利用跨境电商渠道进行走私的手段。跨境电商"刷单走私"是指利用跨境电商系统，伪报贸易方式，将原本应通过一般贸易方式以较高税率申报进口，或者需要许可证件进口的货物，进行拆分，虚构消费者，伪造订单、支付、运输信息，偷逃税款或者逃避海关监管，以跨境电商方式走私进境，从而造成海关税收偏差的行为。针对因跨境电商"刷单走私"而构成走私犯罪的案例，重点说明以下问题。

第一，《中华人民共和国电子商务法》第二十六条规定："电子商务经营者从事跨境电子商务，应当遵守进出口监督管理的法律、行政法规和国家有关规定。"在跨境电商零售进口领域，目前我国尚未有法律、行政法规等高位阶的法律法规，最主要的是几份监管规定，即《财政部 海关总署 国家税务总局关于跨境电子商务零售进口税收政策的通知》（财关税〔2016〕18号）、《关于跨境电子商务零售进出口商品有关监管事宜的公告》(海关总署公告 2018 年第 194 号)和《商务部 发展改革委 财政部 海关总署 税务总局 市场监管总局关于完善跨境电子商务零售进口监管有关工作的通知》(商财发〔2018〕486 号)。综合上述规定可知,对于通过跨境电商零售进口的商品,在一定的交易金额内免征关税,但要求进口商品必须是"通过与海关联网的电子商务交易平台交易,能够实现交易、支付、物流电子信息'三单'比对"的跨境电商零售进口商品。已经购买的跨境电商进口商品属于消费者个人使用的最终商品,不得进入国内市场再次销售。利用跨境电商渠道较为宽松的监管条件和税率红利,将本应以一般贸易方式进口的货物伪报成跨境电商商品,进而偷逃国家税款进行牟利,是典型的违法行为。

第二,走私普通货物、物品罪是指违反海关法规,逃避海关监管,非法运输、携带、邮寄普通货物、物品进出国(边)境,偷逃关税,情节严重的行为。结合《中华人民共和国刑法》第一百五十三条第一款及《最高人民法院、最高人民检察院关于办理走私刑事案件适用法律若干问题的解释》(法释〔2014〕10 号)第十六条第一款规定,走私商品偷逃应缴税额特别巨大的,属于情节严重的走私犯罪行为。

第三,根据《最高人民法院、最高人民检察院、海关总署关于办理走私刑事案件适用法律若干问题的意见》(法〔2002〕139 号)第五条的规定,"走私主观故意中的'明知'是指行为人知道或者应当知道所从事的行为是走私行为"。根据司法实践,认定行为人"明知"所从事的行为是走私行为,应当以行为人自身的年龄、知识水平、社会阅历,结合当时的条件,根据一般的经验和常识,通常的人都能够认识应当或者可能是走私行为进行判断。因此,行为人在明知进境物品是走私入境的情况下,仍然实施接发货、收取相关费用等行为,其行为已构成走私普通货物、物品罪。

二、电商企业通过"推单""引流"销售造成实际订单漂移,存在低报价格风险

跨境电商低报价格情况及内容描述如表 7-2 所示。

表 7-2　低报价格情况及内容描述

序号	情况	内容描述
1	真实交易发生	消费者在其他销售平台（如小程序、直播带货平台等）完成真实交易
2	"推单"模式	将真实交易的"三单"信息发送至有资质备案的电商平台，并向海关申报
3	"引流"模式	不具备海关注册备案资质的网络平台销售者，通过具备资质的电商平台"推单"向海关申报计税后再销售
4	订单漂移	实际订单未在海关备案平台生成，支付也未通过备案平台或支付企业完成
5	失去订单监控	海关失去对订单产生过程的监控，交易变为"体外循环"
6	低报价格风险	人为增加中间商关系，导致增加低报价格风险
7	违法违规空间	"三单"信息"漂移"，产生违法违规的空间
8	确认行为	发现"推单"和"引流"行为，确认存在低报价格风险

一些真实交易发生在其他销售平台（如小程序、直播带货平台等），其"三单"信息被发送至有资质备案的电商平台并向海关申报，这种行为被称为"推单"；不具备海关注册备案资质的网络平台销售者，通过具备资质的电商平台"推单"向海关申报计税后再向消费者销售，这种行为称为"引流"。在跨境电商零售进口中，境外电商企业与境内消费者之间本应是直接发生买卖关系的 B2C 模式，但人为增加中间商关系后，低报价格的风险也随之增加。在"推单"模式下，实际订单并非在海关备案平台生成，支付也未通过备案平台或支付企业完成。尽管其申报的"三单"信息有对应的真实销售及来源，保税仓库或物流企业也能根据真实物流信息向消费者送货，但海关已失去对订单产生过程的监控。电商企业将本应在海关监管范围内的交易变为"体外循环"，导致"三单"信息"漂移"，从而产生违法违规的空间。

三、跨境直购方式下，通过伪造"订单""支付单"信息，将转运公司承揽的境外个人邮寄物品伪报为跨境电商货物

跨境电商伪报情况及内容描述如表 7-3 所示。

表 7-3　伪报情况及内容描述

序号	情况	内容描述
1	境外个人邮寄物品	境外物流企业通过个人代购平台或境外门店承揽个人物品类快件的国际运输业务
2	串通境内企业	境外物流企业与境内电商代理人、物流企业、支付平台及相关服务企业形成串通
3	伪造跨境电商交易信息	伪造跨境电商交易的"订单"和"支付单"信息，准备向海关申报
4	伪报为跨境电商货物	将个人物品类快件伪报为跨境电商货物，并向海关推送虚假的"三单"信息进行申报清关
5	伪报贸易方式	通过伪报贸易方式（如将个人物品伪报为跨境电商货物），规避监管
6	低报价格	在申报过程中低报货物价格，偷逃应缴税款
7	确认行为	发现伪造"订单"和"支付单"信息的行为，确认存在伪报和低报价格的违法行为
8	追究法律责任	对相关企业和个人追究法律责任，流程结束

某电商企业在以"跨境贸易电子商务"方式（海关监管方式代码"9610"）申报进口的跨境电商业务中，存在将个人物品类快件伪报为跨境电商的违法行为。具体表现为：境外物流企业通过个人代购的网络交易平台或在境外设立门店等渠道，承揽个人物品类快件的国际运输业务，并与境内的电商代理人、物流企业、支付平台及相关服务企业形成串通。他们通过伪造跨境电商交易，向海关推送虚假的交易"订单""支付单"信息，将个人物品类快件伪报为跨境电商货物进行申报清关，同时存在伪报贸易方式和低报价格的违法行为。

四、买单出口违法行为甄别

跨境电商买单出口情况及内容，以钢材买单出口为例。描述详见表 7-4。

表 7-4　买单出口情况及内容描述

序号	情况	内容描述
1	买单出口模式	买单出口主要用于出口业务，但不涉及退税或存在虚开发票行为
2	不涉及退税的模式	部分买单出口模式不涉及退税，仅用于完成出口流程
3	虚开发票骗取退税	部分买单出口模式通过虚开发票骗取国家出口退税

表 7-4 续

序号	情况	内容描述
4	钢材退税政策取消	2021 年，国家取消 23 种钢材产品出口退税，导致钢材出口市场萎缩
5	铤而走险：非法买单出口	部分出口商通过买单出口模式，将国家 13% 的税收损失作为补贴，非法获取海外订单
6	"不需要开票的货"	出口商手上有"不需要开票的货"，这些发票可以开给"不需要货只需要进项票"的下游用户
7	下游用户购买增值税票	下游用户低价购买增值税票用于进项税抵扣，但并未实际购买钢材
8	产业链利益分配	出口商赚取税票利润，下游用户赚取进项税抵扣，国外接货商低价购货，国家税收受损
9	低价出口催生偷税逃税	低价出口行为催生了偷税逃税现象，严重损害国家税收利益
10	严查偷税逃税行为	国家需严查买单出口模式中的偷税逃税行为，维护税收秩序

买单出口是一种特殊的出口方式，适用于那些没有出口权的企业或个人。在这种模式下，出口商向具有进出口经营权的公司购买一套合法的出口报关资料，从而能够向海关申报并出口商品。这种操作方式为许多小型企业或个人创业者提供了参与国际贸易的机会，使他们能够突破自身条件的限制，进入国际市场。

买单出口衍生出不同的买单模式，如不涉及退税的模式和虚开发票骗取国家退税等。于是就有了怪象——由买单公司出口，买单公司还能退钱。

自 2021 年，在国家取消 23 种钢材产品退税后，整个钢材市场由盛转衰，全球的钢材采购也从集中在中国变为部分转向印度、东南亚等国家（地区）。出口商不必再需要上游开具的发票和出口单据去税务部门申请出口退税了。国外的接货商从来也不需要国内的出口商开具发票，所以国内出口商手上这部分"不需要开的发票"就可以开给一些"不需要货只需要进项票"的下游用户了。下游用户可以利用低价购买增值税发票用作进项税抵扣，而没有实际购买钢材造成国家税收流失。低价购买增值税发票出口催生出来的行为，属于偷税逃税行为，十分恶劣，必须严查。

五、海南离岛免税"套代购"走私

海南离岛免税"套代购"伪报情况及内容描述如表 7-5 所示。

表 7-5　海南离岛免税"套代购"伪报情况及内容描述

序号	情况	内容描述
1	购买环节	为他人代购免税品或接受他人好处费，借用自己的身份证购买免税品
2	提取环节	提取免税品时，提供虚假身份证件或旅行证件，使用不符合规定的身份证件、旅行证件或者提供虚假离岛信息
3	销售环节	将所购免税品在国内市场再次销售
4	组织环节	组织、利用他人额度买免税品牟利

2023 年，海关缉私局启动了针对海南离岛免税"套代购"走私的集中打击行动。一些不法分子通过招揽社会人员参与"套代购"走私活动，利用"离岛自提""邮寄送达"等手段，将货物在岛外集中后销售以谋取利益。这些不法分子采用新型欺骗、利诱等手段组织"套代购"走私，公众需警惕离岛免税"套代购"走私的陷阱。

因此，不能接受"好处费"并让人借用自己的身份证购买免税品，这种"兼职"是违法的。同时，不能参加那些要求出让离岛免税额度的免费海南旅游团。此外，也不能为了赚取差价而将离岛免税商品在国内市场进行二次销售，这种"便宜"不能占。已经购买的离岛免税商品是消费者个人使用的最终商品，不得在国内市场进行再次销售。对于存在走私或违反海关监管规定的行为，海关将依法处理，构成犯罪的将依法追究刑事责任。

第六节
测试题

一、单选题

1. 跨境电商虚假贸易认定方法中，以下哪个不是考量因素？（　　）

　　A. 贸易背景真实性

　　B. 单证真实性

　　C. 物流信息

　　D. 贸易双方的友好程度

2. 跨境电商发展的特点中，以下哪个不是提到的内容？（　　）

　　A. 跨境电商企业对平台及物流服务的依赖度较高

　　B. 跨境电商完全不受产业环境影响

　　C. 企业存在多种合作经营关系

　　D. 跨境电商的推广销售渠道复杂多样

3. 稽查实践中发现的风险中，以下哪个不是提到的风险？（　　）

　　A. 将一般贸易货物伪报为跨境电商货物

　　B. 电商企业通过"推单""引流"销售造成实际订单漂移，存在低报价格风险

　　C. 跨境直购方式下，通过伪造"订单""支付单"信息，将转运公司承揽的

187

境外个人邮寄物品伪报为跨境电商货物

D. 所有企业都严格遵守规定，不存在任何风险

4. 以下哪个不是跨境电商零售进口风险合规管理中提到的违法行为？（   ）

    A. 虚假贸易

    B. 低报价格

    C. 伪报贸易方式

    D. 合规经营

5. 以下哪个不是跨境电商零售进口风险合规管理中提到的违法后果？（   ）

    A. 偷逃国家税款

    B. 违反《中华人民共和国电子商务法》及海关规定

    C. 构成走私普通货物罪

    D. 获得合法利润

6. 以下哪个不是跨境电商零售进口风险合规管理中提到的违法行为甄别方法？（   ）

    A. 盲目猜测

    B. 单据审查

    C. 物流数据查询

    D. 合同审查

7. 以下哪个不是跨境电商零售进口风险合规管理中提到的合法合规经营建议？（   ）

    A. 了解政策法规

    B. 准确申报

    C. 选择专业代理

    D. 随意操作

**8. 以下哪个不是跨境电商零售进口风险合规管理中提到的海关监管要求?
( )**

  A. 货物必须通过合法渠道进口

  B. 申报信息必须真实准确

  C. 遵守税收政策

  D. 可以随意伪报货物信息

9. 以下哪个不是跨境电商零售进口风险合规管理中提到的企业内部管理措施? ( )

  A. 建立完善的内部审核机制

  B. 对员工进行合规培训

  C. 不关注政策变化

  D. 定期进行内部审计

**10. 以下哪个不是跨境电商零售进口风险合规管理中提到的海关稽查重点?
( )**

  A. 货物的实际贸易方式

  B. 申报价格的真实性

  C. 单证的完整性与真实性

  D. 企业的办公环境装饰

二、填空题

1. 跨境电商主要出口目的国家（地区）的风险分析中，美国市场的政策风险体现在出台贸易保护政策和调整税收政策，其中_____和加强进口商品审查增加了中国企业的出口成本和合规风险。

2. 欧洲市场的政策法规风险较为突出，企业需要投入更多资源确保产品符合_____，否则可能面临产品退回、罚款甚至法律诉讼等风险。

3. 东南亚市场尚处于发展阶段，市场规则和基础设施不够完善，企业在市场拓展过程中面临支付体系不健全、物流配送效率低下等更多的＿＿＿＿＿＿。

4. 日本海关对进口货物的查验力度较大，监管严格，企业需要确保货物符合＿＿＿＿＿＿的各项法规和标准，否则可能面临通关受阻、货物滞留等问题。

5. 跨境电商虚假贸易认定方法中，审查＿＿＿＿＿＿合理性、交易方公司信息和交易定价是否符合市场行情，属于对贸易背景真实性的评估。

6. 单据审查和与货物流向核对是验证单证真实性的关键步骤，包括检查提单、箱单、报关单等是否存在伪造痕迹，以及确认货物实际流向与＿＿＿＿＿＿是否一致。

7. 通过＿＿＿＿＿＿物流数据查询平台核实货物实际装运和流向情况，或者实地走访相关场所查证贸易环节的真实情况，是核实物流信息的重要手段。

8. 跟踪货款支付流向和分析银行账户的＿＿＿＿＿＿是审查资金流向的方法，以查明是否存在异常的资金回流或转移情况。

9. 关注交易频率是否过高或过低，分析交易模式是否异常，如交易双方总是在特定时间、地点进行交易，属于对交易频率和模式的＿＿＿＿＿＿。

10. 低价购买增值税发票出口催生出来的行为，属于＿＿＿＿＿＿行为，十分恶劣，必须严查。

附录一：

跨境电商综合简答题

1. 简述跨境电商的主要模式及其特点。

参考答案：

跨境电商的主要模式包括 B2B（企业对企业）、B2C（企业对消费者）和 C2C（消费者对消费者）。B2B 模式特点是交易量大、交易流程复杂、注重长期合作关系，适合大批量商品的批发和采购。B2C 模式特点是交易流程相对简单、注重用户体验和品牌建设，适合直接面向终端消费者的零售业务。C2C 模式特点是个人之间的交易灵活性高，但交易规模相对较小，适合通过在线平台进行二手商品交易或个人手工艺品销售等。

2. 跨境电商中，如何选择合适的物流方式？

参考答案：

选择合适的物流方式需要综合考虑多个因素。首先，商品的重量和体积是关键因素，轻小商品可优先选择邮政小包或专线物流，而较重或较大商品可能更适合国际快递或海外仓。其次，考虑运输时效性要求，对时效性要求高的商品应选择国际快递，而对时效性要求不高的商品可选择成本较低的邮政包裹或专线物流。再者，成本也是重要考量因素，不同物流方式的费用差异较大，卖家需根据利润空间和客户期望进行权衡选择。此外，目的国的物流基础设施和海关政策也会影响对物流方式的选择，某些国家（地区）可能对特定物流方式有特殊要求或限制。最后，卖家还需考虑物流服务提供商的可靠性、配送范围和售后服务等因素，以确保商品能够安全、及时地送达客户手中。

3. 跨境电商中，如何进行有效的市场调研？

参考答案：

进行有效的市场调研首先要明确调研目标，确定是要了解市场需求、竞争态势、消费者行为还是政策法规等。接着，利用数据分析工具，如 Google Trends、行业报告等，收集宏观数据，了解行业趋势和市场潜力。同时，参考竞争对手，分析其产品、定价、营销策略和客户评价，找出自身的竞争优势和差异化点。收集客户反馈也是重要环节，通过社交媒体、在线论坛和问卷调查等渠道获取消费者的真实需求和痛点。此外，还需关注目的国（地区）的文化差异、消费习惯和政策法规，避免因文化冲突或政策限制影响市场进入顺利程度。最后，综合以上信息，制订详细的市场调研计划并形成报告，为选品、定价、营销等决策提供依据。

4. 跨境电商中，如何提高客户满意度？

参考答案：

提高客户满意度需从多方面入手。首先，确保商品质量是基础，提供符合描述、质量可靠的产品能减少售后纠纷。其次，优化物流体验，选择合适的物流方式，确保商品能够快速、安全地送达客户手中，同时提供物流信息实时查询服务，让客户随时了解商品状态。然后，提供优质售后服务，包括便捷的退换货政策、快速响应的客服团队和有效的纠纷解决机制，让客户无后顾之忧。最后，建立良好的沟通渠道，及时回复客户咨询和反馈，解决客户问题，增强客户信任感。还可以通过个性化推荐、专属优惠等方式增加客户黏性和复购率，提升客户整体满意度。

5. 简述跨境电商中常见的支付方式及其优缺点。

参考答案：

跨境电商中常见的支付方式包括 PayPal、信用卡、银联卡和电汇（T/T）。PayPal 作为第三方支付平台，具有支付便捷、安全性高、支持多种货币交易等优点，但手续费较高，且可能存在账户冻结风险。信用卡支付的优点是使用广泛、支付方便，消费者还能享受信用卡提供的保障服务，但存在一定的欺诈风险，手续费也相对较高。银联卡支付在境内使用广泛，境外支付也逐渐普及，手续费较低，但部分境外商家可能不支持银联卡支付，且支付成功率可能受网络和银行限制影响。

电汇（T/T）适用于大额交易，费用相对较低，但交易流程较为烦琐，资金到账时间较长，且需要双方具备一定的信任基础。

6. 跨境电商中，如何进行有效的社交媒体营销？

参考答案：

进行有效的社交媒体营销首先要选择合适的平台，根据目标客户群体和产品特点，选择 Facebook、Instagram、Twitter、YouTube 等主流平台或小众但精准的社交平台。随后，制定优质的内容策略，结合产品特点和目标受众兴趣，创作有价值、有趣、有吸引力的内容，如产品介绍、使用教程、用户评价分享、行业动态解读等，以吸引用户关注和互动。利用社交媒体广告功能，精准定位目标客户群体，根据年龄、性别、地理位置、兴趣爱好等多维度标签进行广告投放，提高品牌知名度和产品曝光度。同时，与社交媒体上的意见领袖（KOL）合作，借助其影响力和粉丝基础，推广产品，获取更多潜在客户。此外，积极参与社交媒体社区互动，回复用户评论和私信，建立良好的品牌形象和用户关系。还可以通过举办线上活动、抽奖等方式，增加用户参与度和黏性，进一步扩大品牌影响力。

7. 跨境电商中，如何应对不同国家（地区）的文化差异？

参考答案：

应对不同国家（地区）的文化差异，首先要深入了解目标市场文化，包括宗教信仰、风俗习惯、价值观、色彩寓意等方面，避免在产品设计、营销内容和客户服务中出现文化冲突或冒犯。在产品选品和描述上，根据当地文化需求和偏好进行调整，例如某些国家（地区）对特定图案或数字有特殊忌讳，需在产品设计和命名中予以规避。在营销策略上，制定符合当地文化的广告创意和宣传方式，避免直接照搬本国模式，同时注意营销活动的时间节点，避免与当地重要节日或纪念日冲突。在客户服务中，尊重当地文化习俗，使用符合当地礼仪的沟通方式和语言表达，提供多语言客服支持，增强客户好感度和信任感。此外，还可以通过融入当地文化元素，如在包装设计中加入当地特色图案、在营销活动中结合当地传统节日等，拉近与客户的距离，提高品牌亲和力。

8. 跨境电商中，如何优化商品详情页以提高转化率？

参考答案：

优化商品详情页要从多方面入手。首先，确保商品图片清晰、美观、多角度展示产品细节和特点，让客户能够全面了解商品外观和品质。其次，撰写详细、准确且有吸引力的商品描述，突出产品卖点、功能用途、材质成分、尺寸规格等关键信息，同时以生动的语言和实际使用场景描述，激发客户购买欲望。然后，合理展示商品评价，包括正面评价和处理得当的负面评价，增加客户对产品的信任感，还可通过展示销售数据、库存数量等，营造产品热销氛围，促使客户下单。此外，优化商品标题，使其包含热门关键词且符合目标客户搜索习惯，提高商品在搜索结果中的可见性。还可以添加常见问题解答（FAQ）板块，提前解答客户可能的疑问，减少购买顾虑，进一步提高转化率。

9. 跨境电商中，如何进行有效的选品策略？

参考答案：

进行有效的选品策略首先要进行市场调研，了解目标市场需求、竞争态势、行业趋势和消费者痛点，确定有潜力的产品类别。然后，结合自身优势和资源，选择与自身供应链、生产能力、技术专长等相匹配的产品，确保能够稳定供应质量可靠的商品。在评估产品利润空间时，综合考虑采购成本、运输费用、平台手续费、关税税费等，确保产品有足够的利润空间。同时，注重产品合规性，确保产品符合目标市场的法律法规、质量标准和认证要求，避免因合规问题导致销售中断或法律风险。此外，关注产品季节性和周期性需求变化，提前布局热门季节性产品，也可考虑选择不过时、需求稳定的产品作为长期销售品类。还可通过分析平台热搜关键词、热销榜单等数据，挖掘潜在爆款产品，结合自身实际情况进行选品决策。

10. 跨境电商中，如何降低物流成本？

参考答案：

降低物流成本可从多方面着手。首先，优化商品包装，在保证商品安全的前提下，尽量减小包装体积和重量，降低运输费用。其次，合理选择物流方式，根据商品特点、客户要求和成本预算，灵活搭配邮政包裹、国际快递、专线物流和海外仓等不同物流方式，以达到成本效益最大化。然后，与物流供应商建立长期合作关系，通过批量发货争取更优惠的运费折扣和更好的服务条款。最后，优化库存管理，提高库存周转率，减少库存积压和仓储成本，也可避免因缺货导致的加急补货支出高额运费。此外，关注物流行业的动态和新技术应用，如物流自动化、智能化仓储等，提升物流效率。还可以考虑在物流集中发货地或物流枢纽附近选址建仓库，降低运输距离和成本。

附录二：

各章节测试题答案

第一章

一、单选题

1. B
2. B
3. B
4. B
5. B
6. A
7. C
8. D
9. B
10. D

二、多选题

1. ABCD
2. ABCD
3. ABCD
4. ABCD
5. ABC

6. ABCD

7. ABCD

8. ABCD

9. ABCD

10. ABC

三、填空题

1. 线上

2. 中间商

3. 效率

4. 跨境

5. 支付与汇率风险

6. 全球化趋势与未来展望

7. 互联网平台

8. O2O

9. 专线物流

10. 可持续发展

第二章

一、单选题

1. C

2. B

3. C

4. B

5. C

6. A

7. B

8. D

9. A

10. B

二、多选题

1. ABCD

2. ABCD

3. ABCD

4. ABCD

5. ABCD

6. BCD

7. BD

8. ABCD

9. ABCD

10. ABCD

三、填空题

1. 市场营销

2. 市场竞争情况调查

3. 提高企业竞争力

4. 心理定价

5. 内容营销

6. 持续优化广告内容

7. Temu

8. 寄售模式

9. 货源

10. 持续优化产品

第三章

一、单选题

1. B

2. B

3. B

4. A

5. B

6. B

7. C

8. B

9. B

10. B

二、多选题

1. ABCD

2. ABCD

3. ABCD

4. ABCD

5. ABCD

6. ABCD

7. ABC

8. ABCD

9. ABCD

10. ABCD

三、填空题

1. 技术参数

2. 消费者评价

3. 安全性与合规性

4. 消费者评价

5. 安全性与合规性

6. 物流配送

7. 价格竞争

8. 成本控制

9. 售后维修与安装服务

10. 成本控制

第四章

一、单选题

1. B
2. D
3. D
4. D
5. D
6. B
7. D
8. A
9. D
10. D

二、多选题

1. AC
2. ABCD
3. ABCD

4. ABCD

5. ABCD

6. ABC

7. ABCD

8. BCD

9. ABC

10. ABC

三、填空题

1. 邮政服务

2. 公路与铁路运输

3. 一站式

4. 快速配送

5. 优惠

6. 分拣区

7. 一般管理对象

8. 地址

9. 合同

10. 进口

第五章

一、单选题

1. D

2. B

3. D

4. C

5. D

6. C

7. C

8. D

9. D

10. C

二、填空题

1. 9810

2. 单独

3. 26000

4. GDPR

5. 市场主体登记

6. 纳税人

7. 烟酒

8. 报关风险

9. B2C

10. 9710

第六章

一、单选题

1. B

2. B

3. B

4. B

5. A

6. B

7. B

8. B

9. A

10. C

二、多选题

1. ABCD

2. ABC

3. ABCD

4. ABC

5. ABCD

6. ABC

7. AB

8. AB

9. AB

10. AB

三、填空题

1. 国务院

2. 综合保税区

3. 分拨

4. 简单加工

5. 1210

6. 智能

7. 关税

8. 国际物流

9. 物流

10. 免税、保税、退税

第七章

一、单选题

1. D
2. B
3. D
4. D
5. D
6. A
7. D
8. D
9. C
10. D

二、填空题

1. 加征关税
2. 当地法规
3. 不确定性
4. 日本
5. 合同条款
6. 单证描述
7. 第三方
8. 交易记录
9. 异常分析
10. 偷税逃税